Nosorem Unamul Tiek

Dinámicas de lo Invisible

Volumen 1

Volumen 1

David Topí

Dinámicas de lo Invisible

Conocimiento para entender el mundo que no vemos

EDICIONESBLURR

ISBN: 978-84-120075-4-1
Depósito Legal: DL B 9215-2019
Hecho e impreso en España

Índice

1. Introducción a Dinámicas de lo Invisible: enseñanzas para comprender el mundo que no vemos

Dinámicas de lo Invisible aúna una serie de conocimientos que tienen por objetivo dotarnos de la información básica y necesaria sobre el funcionamiento de la parte "no visible" a los sentidos "normales", de cómo funciona nuestro sistema de vida en la Tierra, el ser humano, sus componentes y estructuras, las reglas de la Creación, las reglas de la energía y de la consciencia, la interacción con el resto de fuerzas y seres que conviven con nosotros en los llamados planos superiores del planeta, etc.

Los capítulos que vamos a ir presentando en las próximas páginas están destinados a darnos una imagen global del tema que tratemos en cada apartado, de manera que primero obtengamos la visión y el conocimiento general y básico sobre aquello que expliquemos, y, a partir de ahí, una vez concluida la primera ronda de introducciones genéricas, podamos hacer explicaciones detalladas sobre temas más complejos o específicos que nos proporcionen como resultado un conocimiento más profundo de la estructura de la realidad, las leyes de la vida y la consciencia y todo lo que hemos mencionado como objetivos para esta publicación que tienes en tus manos.

En general, y a modo de introducción, diremos que el ser humano, por desgracia, o por manipulación mejor dicho, de sus estructuras cognitivas, visuales y perceptivas, desconoce en gran medida el mundo que le rodea, sus componentes, sus configuraciones y sus niveles frecuenciales. Abrirse a ellos y empezar a entender que vivimos en uno de los múltiples planos y realidades que existen sobre la Tierra es un esfuerzo arduo para algunos, titánico para otros, pues supone romper muchos velos y creencias limitadoras sobre cómo es la realidad "de ahí fuera".

No entraremos en esta primera parte del libro en cómo funciona la creación y decodificación de la realidad, algo que muchos quizás ya sabréis por los artículos y todo lo publicado hasta ahora en mi blog davidtopi.net, en otros escritos o de otras fuentes, sino que nos centraremos en sentar las bases para poder tocar temas más complejos que vendrán en publicaciones siguientes, partiendo de la comprensión de conceptos más amplios y genéricos que sirvan para darnos una foto global de este enorme rompecabezas que es el sistema de vida en nuestro planeta.

¿Por qué le llamamos sistema de vida y por qué es un enorme rompecabezas? Primero porque fue creado y organizado por otros niveles de la Creación para que fuera un lugar de aprendizaje y experiencia, no solo para el ser humano, sino para múltiples tipos y categorías de seres, por lo tanto, la Tierra, como base evolutiva, es el campo de entrenamiento, crecimiento y evolución para decenas, sino centenares, de diferentes estadios de vida, muchos más que los cuatro reinos de la naturaleza que conocemos y percibimos en nuestro plano físico.

Por otro lado, ni siquiera el plano físico acaba allá donde nuestros sentidos físicos creen que acaba. ¿Qué significa esto? Que existen muchas cosas: seres, elementales, fuerzas, entes y estructuras justo por encima de la vibración que nuestros sentidos físicos registran, y que, a su entender, son tan físicos como nosotros, pero fuera de los límites de lo que nuestros ojos perciben y nuestros oídos captan. Eso solo en la parte más densa de la estructura de la Tierra, así que, si ya el mundo "sólido" no solo va mucho más allá de lo que uno cree que va, imaginaros lo que existe y convive con nosotros en el mundo o plano que llamamos etérico, en el mental, el causal, e incluso en los campos energéticos que solemos llamar el sustrato astral y que son las energías que, entremezcladas por todos lados y haciendo de amalgama para todos los planos de nuestra esfera planetaria, están también rebosantes de actividad, consciencia, entes y diferentes tipos de vida en diferentes aspectos de la misma.

Es obvio que la ciencia humana no reconoce nada de esto, en su programación materialista y en la forma en la que se concibe cómo funcionan las cosas. Si usamos una división por octavas, esto es, en grupos de siete niveles, de nuestro plano físico, del subnivel 1.1 al subnivel 1.7, como hacen todas las formas de vida autoconscientes para poder desgranar e interactuar con los diferentes niveles frecuenciales de este plano "sólido", el ser humano toma como "real" y "material" solo el plano 1.1, siendo solo la capa más densa de todas las partes del plano más denso y sólido de la Tierra.

Esto significa que ni siquiera conocemos la existencia del plano 1.2, que sigue siendo parte del plano físico en otras frecuencias de vibración, ni del 1.3 al 1.7, donde se mueven una gran parte de aquellos que rigen el sistema de vida en la Tierra, que lo controlan, que lo manipulan, venidos antaño de otros lugares y sistemas solares, y de los que ya hablaremos en otro capítulo más adelante.

Mientras nuestros sentidos estén confinados a captar y decodificar solo una porción de ese plano 1.1, en todo su rango frecuencial y vibracional, el ser humano seguirá siendo ignorante de lo que el resto de reinos y fuerzas conscientes que habitan en la Tierra ven como normal, como parte de un sistema muy complejo, con muchos actores y con muchos elementos que interactúan magnifica y bellamente entre sí, facilitando que este planeta sea una de las escuelas evolutivas más bonitas de esta parte de la Vía Láctea, a pesar de la complejidad de las enseñanzas para la humanidad, sin que ello signifique que el resto de aquellos que también la usan como base para su crecimiento, no la estén disfrutando y tratando de que nosotros hagamos lo mismo mientras dura nuestro paso por la vida.

De esto último también hablaremos, ¿qué sucede cuando morimos? ¿Qué muere y en que niveles de la estructura del planeta estamos, nos vamos o volvemos? El miedo a la muerte está programado desde tiempos ancestrales en la psique humana por aquellas razas que la manipularon y crearon para que les sirviera como fuente de energía constante, algo de lo que también entraremos a fondo. Y es que, al fin y al cabo, el miedo es una energía, si puedes hacer que siempre haya seres humanos generando energía con miedo a algo, sea a lo que sea, puedes asegurar un suministro constante de fuerza para poder mantener este sistema de vida bajo un control permanente y total, sin que las mismas pilas del sistema se den cuenta de ello.

Intentaremos pues abrirnos los ojos a todo esto, procurando que nuestros filtros mentales no desechen la información si esta resulta contradictoria a los sistemas de creencias que ya poseemos, ya que estos provienen del inconsciente colectivo al que estamos conectados por una parte de nuestra esfera mental preconsciente, en la parte trasera de la cabeza, y son precisamente esos mismos filtros, los que, de forma automática, bloquean la compresión y aceptación de todo aquello que vaya en contra de la programación que llevamos a cuestas desde el mismo momento del nacimiento, cuando se insertan las esferas mentales en el cuerpo mental del recién nacido, y se ponen en marcha los procesos de bloqueo y reversión de la esfera de conciencia del ser humano.

De esta manera, sortear la cantidad de filtros, bloqueos, creencias y programas del paradigma que tenemos instalado, requiere un esfuerzo enorme por parte de aquellos que estáis leyendo estas líneas ahora, pues la única forma de evitar que se activen ciertos programas de control en la mente humana es manteniendo la consciencia de uno mismo mientras estamos recibiendo esta información.

Eso significa algo más que estar prestando atención a lo que estamos comentando, pues muchos vemos o adquirimos información mientras hacemos alguna otra actividad, escuchando audios o poniendo la televisión, de manera que estamos pendientes de lavar los platos o planchar o hacer cualquier otra cosa y de fondo tenemos un señor hablando de cosas metafísicas y que, a nuestra programación, le pueden parecer interesantes pero a la vez esotéricas, místicas y poco prácticas. Esa es la programación a la que me refiero, pues precisamente esos filtros mentales son los que al captar los contenidos por medio de los sentidos, empiezan el análisis de los mismos, lo comparan con el contenido de nuestra programación y sistema de creencias en el cuerpo mental y en las esferas mentales, y van diluyendo, cortando, desechando o tamizando los paquetes de datos para que no choquen demasiado con lo que ha sido ya pregrabado en nosotros y es aceptado como válido por el sistema de gestión de la humanidad.

De esta manera, se consigue que pocas personas lleguen a interiorizar contenido nuevo que pudiera llegarles de otras fuentes que pueden ser más o igual de válidas que aquellas que nos programan a diario, sean los medios de comunicación, las religiones, la educación, los sistemas culturales bajo los que vivimos etc., a través de los diferentes inconscientes colectivos, los sistemas culturales y religiosos y la inserción constante de mensajes subliminales por los sentidos a través de muchos canales diferentes.

Por eso, decíamos, solo la consciencia frena este filtrado, porque la consciencia es la energía clave de permite la decodificación correcta de ciertos paquetes de datos e informaciones que, de recibirlos en modo "automático", son inmediatamente descartados y archivados en la mente subconsciente para luego ser borrados al cabo del tiempo. Pero si uno presta atención a lo que lee, ve o escucha, y toma consciencia de ello mientras lo hace, estos filtros no se activan, y no es que sea así por arte de magia, sino que nuestros programas solo funcionan cuando no estamos presentes en nosotros mismos, dejando que sea el piloto automático que rige nuestra psique quien conduzca, como en la serie de hace varios años *El coche fantástico,* donde "Kit" podía llevar las riendas del vehículo con total seguridad y tranquilidad siempre que su conductor real, Michael Knight, no tomara los controles y empezara a conducir en modo manual.

Algo así pasa con nosotros, la consciencia humana es el modo manual de vivir, de manera que te obligas a ti mismo a auto-observarte constantemente para comprender que se está cociendo en el interior de tu psique. ¿Cómo es que hay tantas voces o pensamientos sin control tomando las riendas de la mente en todo momento? ¿De dónde salen tantos "yos" o subpersonalidades y por qué no estoy yo en control de ellas sino que son ellas las que me controlan a mí? Además ¿quién soy yo? Porque si yo no soy mis pensamientos, no soy mis subpersonalidades y no soy todas esas voces en mi mente, ¿dónde estoy yo? ¿Cómo se define lo que soy? ¿Por qué soy consciente de las diferentes partes que me forman? ¿Dónde está el conductor de este vehículo y desde que nivel está conduciendo este batiburrillo de procesos físicos y energéticos que se están dando por miles simultáneamente, para que yo pueda estar ahora ejecutando la acción de leer este libro y entenderlo?

Son preguntas que requieren que nos pongamos "manos a la obra" para empezar a explicar el mundo que no vemos, o que no nos dejan ver, pero que en algún momento conseguiremos percibir tal y como tenemos derecho y capacidades para hacerlo, pues no en vano, por mucho que *Kit* esté al mando en muchas de las ocasiones, nunca nos hemos ido del interior del coche, y es momento de empezar a comprender el 100% de sus mecanismos para que podamos empezar a conducir en modo manual todo el tiempo y así tener control sobre nuestra vida sin que, externamente, otros puedan influir en la misma, activar el GPS sin que nos demos cuenta para monitorizarnos, modificar los mapas de navegación, acelerar o frenar nuestro vehículo a distancia por estar influenciados sin que lo sepamos y mil otras formas de manipular y distorsionar al ser humano que están en vigor constante y regularmente, y de las que es necesario empezar a ser consciente para poder desactivarlas.

2. Procesos energéticos que rigen la evolución del ser humano y sus cambios internos

Puesto que el vehículo que conducimos, haciendo la analogía con *"Kit"* como hemos mencionado en la introducción, es muy complejo y potente, fue necesario durante el proceso de su creación dotarle de unos sistemas de abastecimiento energético que le permitieran mantener en todo momento sus sistemas de funcionamiento en el estado más óptimo y correcto, de manera que aquella parte del ser humano, el alma, que iba a ocuparlo durante su periplo evolutivo por cada encarnación, tuviera siempre a su disposición un avatar en perfecto estado de funcionamiento y con las capacidades necesarias para que pudiera servir de elemento conductor de las vivencias y experiencias que esta necesita, y, a partir de ahí, nutrir con las mismas a nuestros niveles superiores de los que hablaremos más adelante, como parte de los procesos evolutivos y de crecimiento a los que estamos sujetos.

Por otro lado, como toda forma de vida orgánica en cualquier parte del universo, en cualquier parte de la Creación, poseemos la capacidad de absorber la energía y fuerza vital que nos ha de nutrir de múltiples fuentes y a través de diversos mecanismos, siendo esta energía "vital" (llamada prana o chi por diferentes enseñanzas filosóficas o metafísicas) el producto principal que proporciona "sustento" a todo aquello que está vivo, y que le sirve para poder seguir avanzando en consciencia, como el motor del coche que hace que las ruedas se muevan para que el conductor pueda avanzar con este por la carretera.

A través de este mecanismo, se dotó a todos los seres conscientes de la capacidad de nutrirse usando el campo de fuerza "cósmica" que representa el conjunto de la energía viva y consciente de la Creación, para que nunca faltara esa energía, para que ningún ser en ningún rincón del universo pudiera quedarse sin el combustible necesario para poder experimentar la vida y las oportunidades que se ofrecen al desarrollo de la consciencia sin importar el lugar del cosmos en el que se encuentre. Luego, con el desarrollo más detallado de los sistemas de captación y transmutación de esta energía universal, cada forma de vida fue dotada de diferentes estructuras que le facilitan la destilación de la misma acorde a sus necesidades del momento, acorde a los componentes que posea esa forma de vida a nivel físico y no físico, y acorde a la región del espacio en la que se encuentre ubicada, ya que diferentes zonas de nuestro universo, por mantenernos en un espacio acotado que podemos entender, presentan diferentes gradientes energéticos que pueden ser refinados por diferentes tipos de vida para sus cubrir sus necesidades vitales, pero no todas las formas de vida pueden procesar y transmutar todos los tipos de energía, pues algunas son muy elevadas y refinadas, otras más toscas y potentes, otras más sutiles y fluidas, y esto hace que los sistemas de captación y adecuación del prana universal sean distintos para un ser que vive en la Tierra, que para uno que viven en otro sistema en otra parte de nuestra galaxia.

En todo caso, nadie tendría que estar nunca privado de poseer el potencial enorme que le brinda la conexión con el "éter cósmico" que permea todo lo que existe, que hace de campo y sustrato para la consciencia universal y que amalgama todos los tipos de vida, estructuras y componentes de la Creación, y, por lo tanto, nosotros no somos excepción, y poseemos todos los recursos necesarios para poder estar siempre con las "pilas cargadas" al máximo, pero, como veremos y ya podéis suponer, no suele ser la condición habitual en el ser humano que esto sea así.

El hecho de poder tener energía, vitalidad y "chi" en cantidades ingentes supone un problema si alguien desea controlar a un tercero, o si un grupo desea controlar a otro. ¿Por qué? Porque esta misma vitalidad proporciona la fuerza, activa la voluntad, te conecta con niveles superiores de consciencia, y pone en marcha otras muchas funciones latentes del ser humano que llevarían a un cambio en la manera en la que vivimos, con las consecuencias de que aquellos que hoy en día rigen el sistema de vida en la Tierra y son, o se consideran, los gestores de la humanidad, tendrían muchos problemas precisamente para ello, para gestionarla.[1]

_____

[1] En el Yugo de Orión, mi tercer libro, tenéis una explicación detallada del funcionamiento del sistema de gestión de la humanidad en nuestro planeta.

Cuando todo el mundo se encuentra pletórico de energía, vitalidad y fuerza, no hay quien pueda parar el crecimiento y desarrollo evolutivo que automáticamente eso conlleva, lo cual equivale a decir que si quieres controlar a un grupo, una raza, una especie o un planeta entero, has de controlar su suministro energético, sus capacidades de absorber y procesar la energía que les nutre y los elementos que se activan cuando esta energía está presente. Por lo tanto, se ha de intervenir, por parte de las fuerzas "en control" para que el ser humano "medio" llegue al final de su jornada diaria cansado, exhausto, con las fuerzas justas para poder irse a dormir y recargarse y volver a empezar al día siguiente, y poder llevar a cabo sus funciones y volver a repetir el bucle hasta el final de sus días dentro de su máquina orgánica y física que representa su cuerpo sólido.

La falta de conocimiento, educación y consciencia sobre el papel de la energía vital y fuerzas que nos nutren y sobre sus capacidades para hacer que nuestras vidas cambien por completo, si modificamos el uso que hacemos de este prana universal, provoca que la raza humana lo tenga muy difícil para salir de este sistema de manipulación y control, ya que, por otro lado, los "controladores" sí que disponen de fuentes de abastecimiento enormes, que pasan por el uso de las cantidades ingentes de energía que generamos las "pilas" del sistema, el conjunto de la humanidad, así como por el uso de la energía del planeta, llegando a tener capacidad para usar la energía del mismo núcleo de la Tierra para sus propósitos, la capacidad de usar la energía que fluye por el sistema de canales y meridianos del planeta en su cuerpo o plano etérico, la capacidad de acumular energía de nuestro sol en sus propios sistemas y baterías y usarla según sus necesidades, etc. Como nosotros a duras penas somos capaces de absorber correctamente la energía de lo que comemos, bebemos y respiramos, estamos acotados a una absorción pránica muy básica, la comida y el oxígeno, dejando de lado, la mayoría de personas, la energía que está disponible por otros canales y medios, y que suplirían, sino completamente, casi, aquello que no nos llega por la alimentación o el aire que respiramos.

Estos medios de absorción energética que el ser humano no domina, pero que debería para poder sentirse empoderado, fuerte, vital y activo, pasan por la conexión con el planeta en primer lugar, haciendo que nuestras "raíces energéticas", que todos poseemos desde el cuerpo etérico y desde los sub-cuerpos o envoltorios energéticos del cuerpo físico hacia la Tierra, estén activas y funcionales de manera automática y al 100% en todo momento. Pero ¿cómo se consigue esto?

Vamos a ir explicando a lo largo del libro algunas maneras de activar estas capacidades y estos mecanismos a través de la conexión con nuestro ser o Yo Superior, del que espero que hayáis oído hablar todos en mayor o menor detalle, como el componente de la estructura del ser humano que asiste al alma y a la personalidad en la gestión de todas y cada una de nuestras encarnaciones desde posiciones atemporales y adimensionales, lo cual equivale a decir que está fuera de toda posibilidad de manipulación, control y bloqueo por parte de las razas y fuerzas que rigen el sistema de vida en la Tierra. Esto hará que podamos ejecutar ciertas peticiones hacia esa otra parte "nuestra", "más elevada", para que se activen y pongan en marcha mecanismos latentes y dormidos en nosotros, pero presentes al 100% en todos los seres humanos. Así, con el trabajo vía peticiones conscientes desde la personalidad hacia el Yo Superior, podremos activar una parte de todo este mecanismo de absorción energética que ahora mismo está funcionando, si acaso, bajo mínimos, aunque seamos de los que nos vamos al campo y nos abrazamos de vez en cuando a un árbol o seamos de los que meditamos con la madre Tierra. Este tipo de procesos son beneficiosos, pero siguen estando acotados, sus beneficios, al estado del sistema energético y a nuestra capacidad de absorción de la vitalidad que el planeta nos puede proporcionar.

Entonces, ¿cómo se absorbe esta energía y a dónde va? Hemos mencionado que el ser humano tiene un conjunto de "raíces" energéticas que nos conectan al planeta, de hecho, todos los seres vivos en la Tierra las tienen, algo que es obvio para plantas y quizás no tanto para animales, pero presente en todo caso en todos ellos. Estos filamentos etéricos, pues eso es lo que son, nacen de las terminaciones nerviosas "etéricas", el equivalente al sistema nervioso central y al sistema nervioso autónomo pero en el cuerpo etérico de nuestra estructura, y enlazan con los "hilos" energéticos de la contrapartida etérica de la Tierra. Esto hace que, naturalmente, podamos interactuar con el "prana" que circula por todo el planeta, y, de forma automática, podríamos absorber la parte que nos sea necesaria. Sin embargo, los programas y sistemas que, en nuestra psique y sistemas de control, gestionan este proceso están bloqueados, "apagados" y fuera de funcionamiento, por lo tanto, tenemos los "captadores" energéticos y los "hilos de absorción" de prana pero no están haciendo su función al no estar "encendidos". Al final del capítulo daremos las instrucciones para ponerlos en marcha una vez hayamos comprendido su funcionamiento.

Una vez estos filamentos etéricos entran en contacto con los campos de energía del planeta, sea mediante la conexión de los pies con la Tierra, de nuestro cuerpo con un árbol, de la espalda con la hierba o de nuestro sistema completo con el agua al bañarnos en el mar o un rio o similar, automáticamente se ponen a recibir el chi que proviene de estos elementos terrestres y este chi es dirigido entonces hacia los chakras.

El sistema de chakras, enormemente conocido por la mayoría de culturas en el mundo, excepto la occidental, donde, en general prima la negación de los mismos y del sistema energético especialmente en la medicina y áreas sobre la salud, forma el equivalente a un sistema de procesamiento energético, o a una planta de transformación energética, como por ejemplo los enormes molinos eólicos que se instalan para que la energía del viento termine convertida en energía eléctrica para nuestras ciudades. Así, los motores y transformadores que existen dentro de las turbinas eólicas, son capaces de transformar un tipo de energía en otra, igual que hacen nuestros chakras, capaces de recibir la energía y vitalidad "en bruto" que llega por todo el entramado de hilos y filamentos que lo recogen del planeta, del aire, del sol, del mar, etc., y luego refinarlo y transformarlo en diferentes tipos de energía que cubrirá cada una de ellas un tipo de necesidad y ejecutará una función dentro del organismo que conducimos y poseemos.

Además, como ya sabéis, diferentes chakras poseen diferentes ubicaciones y funciones y se encuentran en diferentes puntos de la estructura del cuerpo etérico, así como en los demás cuerpos sutiles que nos forman, procurando cada uno un punto de transformación y nutrición energética a los diferentes órganos físicos y componentes etéricos que dependen de ellos.

El proceso de transformación energética del prana en bruto recogido por esta estructura de filamentos, pasa por un complejo sistema de transmutación alquímica, pues los chakras, formados por millones de partículas conscientes y programadas para esta acción, toman cada partícula de prana, vamos a decirlo así, y adecuan su vibración, polaridad y contenido a las funciones que esa energía ha de servir, de forma que, si una parte de la energía que necesitamos ha de tener unas ciertas características, el chakra que toque o que posea la capacidad para la transformación de esa energía, por ejemplo para nutrir el corazón o el hígado, que hay unas pequeñísimas diferencias energéticas entre los "paquetes" de prana que van a uno u a otro, ejecuta los cambios en la materia prima absorbida desde el exterior para crear los fluidos energéticos adecuados a cada parte del organismo. Por eso, entre otras cosas, la medicina tradicional china establece y habla de tantos tipos de prana o chi que fluyen por el cuerpo, de tantos detalles y sutiles diferencias entre la vitalidad que circula por un sitio, ramal o estructura y la que circula por otra, siendo todo "chi", principio universal de vitalidad y vida, pero es "chi" refinado y adecuado a las funciones del cuerpo en esa parte del mismo.

El siguiente paso, evidentemente, es la distribución de este prana refinado y convertido al tipo de energía necesaria para cada componente que poseemos, tanto los físicos como los nos físicos, pues nuestros cuerpos sutiles y otros elementos de la estructura que poseemos también requieren de vitalidad para poder hacer su trabajo. Esta distribución se realiza, como todos sabéis, por el llamado sistema de canales, meridianos o nadis, las tuberías y canaletas del cuerpo humano, físico y etérico, que transportan por todo el organismo el tipo de prana adecuado allá a donde el canal está ubicado y al componente que han de nutrir. Una vez la energía está fluyendo, llega a los órganos y componentes y se distribuye hasta el interior de la última célula y partícula que nos forma, pues los mismos mecanismos de transporte tienen procesos de "entrega", no solo de llevar o recoger, sino de "insertar" en cada punto el chi que transportan.

Así, células del cuerpo físico y partículas de los cuerpos sutiles, reciben la carga energética con los contenidos e instrucciones sobre su uso, que vienen codificados dentro de cada "partícula de chi", y se ponen en marcha los mecanismos automáticos del cuerpo para que esa fuerza vital "encienda" y mueva los procesos metabólicos y energéticos que hacen que, entonces, ese órgano ejecute la función para la que está diseñado, o ese componente energético trabaje de la manera en la que ha de trabajar.

Aun así, este proceso que hemos diagramado de forma muy esquemática y general, es tremendamente complejo, porque los paquetes de energía se dividen a su vez en diferentes tipos, algo conocido como *Carbono*, *Oxígeno* y *Nitrógeno* en las enseñanzas de Gurdjieff, por ejemplo. Así, el prana que viene de los alimentos y bebidas conforma la energía que llamamos Carbono, el prana que somos capaces de recoger del oxígeno recibe este mismo nombre, y el prana o fuerza vital que recogemos del exterior, como en el ejemplo que hemos mencionado de la conexión con el planeta o el sol, recibe el nombre de "Nitrógeno".

Puesto que el "nitrógeno", los paquetes de energía que vienen del exterior y son captados por la red de hilos y filamentos etéricos, son una de las fuentes que menos usamos y la que está más bloqueada en todos nosotros, para mal, en el sentido de que sí que poseemos los procesos de captación de energías que son muy importantes para el ser humano pero están apagados, bloqueados o inhibidos, nos solemos nutrir principalmente de Carbono y Oxígeno, y solo el nitrógeno "del entorno" (del aire, de las impresiones que recibimos, de la interacción con otras personas) es el "nitrógeno" que recogemos para completar nuestra tríada de absorción energética. Pero este nitrógeno no es el que más nos interesa, por no estar en el nivel frecuencial más alto que podríamos usar para nuestro bien mayor, de manera que, ahora, vamos a intentar "despertar" los mecanismos de absorción y captación de energías sutiles mucho más elevadas que realmente completen la tríada energética a niveles frecuenciales más altos y, en consecuencia, más beneficiosos para el ser humano.

Para ello, como hemos dicho, haremos una petición consciente a nuestro Yo Superior. ¿Una petición? Para aquellos que no hayáis visto nunca este método de trabajo, en el que se basa una parte de las sanaciones y desprogramaciones de lo que he ido publicando y enseñando a lo largo de los años en mi blog o a través de mi escuela, la EMEDT, diremos que para poder ejecutar, sanar, desprogramar o activar algo en nosotros es necesario que una parte de nosotros sea consciente de aquello que se ha de hacer. Este primer paso pasa por explicarle, normalmente a la personalidad, cual es el problema, situación o bloqueo a resolver, de ahí la explicación de los temas que estamos tratando en el libro o leéis en los artículos del blog. Cuando hemos entendido y comprendido lo que se ha de ejecutar, es la consciencia de ello mediante una petición a la parte más "consciente" de nosotros mismos la que puede iniciar el proceso de sanación y activación de aquello bloqueado o limitado. Por lo tanto, al trabajar con peticiones conscientemente desde la personalidad hacia el Yo Superior, estamos poniendo energía en poner en marcha algo de lo que antes no éramos conscientes, y, por lo tanto, no podíamos activar. Ahora, una vez el proceso de sacar a la luz de la consciencia el trabajo que se ha de realizar, dándonos a nosotros mismos las instrucciones para ello, ya se ha completado, este se puede poner en marcha.

¿Cómo? ¿Es así de sencillo? Por un lado lo es, por otro no tanto, desconocemos tanto sobre nosotros mismos y el potencial que tenemos, que es muy difícil para el ser humano "medio" darse cuenta de que todas las herramientas que necesita se encuentran en el interior de sí mismo. Y la programación que llevamos en la mente hace que se rechace de plano la mayor parte de este tipo de conocimiento, pues está catalogado como "irreal", fantasioso y, en muchos casos, erróneo, por la programación subliminal de nuestras esferas mentales. De esta manera, a través de la inserción en el inconsciente colectivo y en la psique de la mayoría de seres humanos de que funcionamos de otra manera, o que este tipo de procesos energéticos no son reales, se evita que una persona pueda activar y desbloquear el potencial que tiene latente e inherente en sí.

Para ejecutar esta activación de los procesos de absorción energética hemos de repetir varias veces la petición que os pongo al final del capítulo. Pero, ¿Cuántas veces? ¿Muchas veces seguidas y luego lo dejo? ¿He de pasar tres semanas cada día como si estuviera rezando a algo que no veo?

No, esta es la parte complicada. Imagina que has de quitar una mancha que tienes en el suelo de tu casa y para ello coges una esponja y empiezas a frotar el suelo. ¿Cuántas veces has de frotar el suelo para que se vaya la mancha? ¿Es necesario frotar una vez y dejarlo correr y volver luego al cabo de un mes y frotar una vez más y volver a dejarlo correr?

La respuesta es que hay que frotar hasta que la mancha se ha ido, y nadie sabe si harán falta diez minutos de frotar o tres horas, ya que la consistencia de la mancha, el tipo de mancha y el tipo de suelo, así como la intensidad con la que frotes, es lo que marca cuanto tiempo necesitarás para eliminarla.

Pues lo mismo sucede con todos los bloqueos y peticiones que vamos a poner a lo largo del libro, no sabemos cuánto tiempo, repeticiones y trabajo vamos a tener que hacer para que el proceso se complete al 100%, pues depende de cómo esta cada uno de nosotros, la complejidad de la programación que poseemos, el resto de bloqueos y limitaciones que llevamos a cuestas, etc. Así que la petición que vamos a ejecutar, se ha de hacer al menos una vez al día, pero luego tenemos que ir monitorizando el progreso para saber cuánto queda hasta que se haya completado del todo.

¿Y cómo se monitoriza ese progreso? Para los que trabajar con vuestro ser o Yo Superior ya sea algo normal y corriente, como para muchos creo que así será, es cuestión de ir preguntado y "dialogando" vía meditación, péndulo, escritura automática o cualquier otro método de comunicación que tengáis establecido. Para las personas que no tengan ningún tipo de comunicación establecida, que sea la primera vez que oyen hablar de este tema, que no tienen idea de cómo recibir este tipo de información, la mejor manera de obtener una confirmación es pedir señales en vuestra vida real y física para ello.

Aunque este tema es complejo, y tenéis a vuestra disposición otro de mis libros, el *Poder de la Intuición*, donde explicaba el mecanismo de creación de lo que llamamos sincronicidades, el sistema funciona "pidiendo" que, cuando algo que queremos saber sea cierto o se haya completado, aparezca una señal determinada en vuestra realidad que solo vosotros conozcáis.

Por ejemplo, para nuestro caso, no tenéis más que pedir a vuestro Yo Superior que, cuando se haya terminado la petición de activación energética, esta que vamos a hacer enseguida, veáis en vuestro "día a día" el objeto tal, la cosa "X" o el elemento que sea. Es decir, se trata de decirnos a nosotros mismos, desde el nivel de la personalidad hacia el nivel del ser o Yo Superior,

> *"Cuando se haya completado al 100% el proceso de ejecución de la petición que estoy haciendo sobre… solicito que me muestres en mi realidad de forma clara, nítida e inequívoca tal cosa".*

Así, mientras seguís trabajando en la petición, activación, sanación y limpieza de vuestro sistema físico, energético y mental, iréis viendo en vuestro día a día las señales que os indicarán si se ha completado ya, si podemos pasar a la siguiente o si, todavía, porque "eso" no aparece aún, nos queda trabajo por hacer.

En definitiva, el mecanismo es sencillo y eficaz, y solo requiere estar atento a lo que cada uno percibe, anotarse aquel objeto que hemos pedido para evitar confusiones, y entonces ir haciendo el trabajo con constancia. Así, y con esto finalizamos este primer tema, para la activación de los sistemas de captación energética, la petición es la siguiente:

"Solicito que se activen, pongan en marcha y desbloqueen todos los sistemas de absorción energética que poseo en la estructura de mis cuerpos sutiles, dotándome de la capacidad de recoger el prana y fuerza vital universal de los campos energéticos de la Tierra, del Sol y de las fuerzas cósmicas que me rodean, en su máxima frecuencia y potencial. Solicito que se pongan en marcha los mecanismos de transmutación energética y distribución de la misma a su máxima potencia, eliminando los programas, topes, inhibidores y bloqueos presentes en mí, que impiden que pueda procesar y transformar esta energía en aquella de máximo octanaje y pureza para el buen funcionamiento de toda mi estructura y la activación de las capacidades latentes en mí. Gracias."

3. Los cuerpos sutiles, cómo se forman, por qué los tenemos, para qué sirven, cómo interactúan entre ellos

El sistema de captación y distribución energética que hemos explicado lleva la fuerza vital o prana hacia componentes físicos y no físicos, como hemos visto, ya que el compendio que forma aquello que llamamos "ser humano" es la suma de muchas capas, cuerpos y elementos que permiten al alma poder interactuar con el plano físico del planeta y con el resto de planos y niveles del mismo. Esta es principalmente la razón por la cual el ser "multidimensional" que somos posee tantas capas y cuerpos, ya que hemos de "existir", por decirlo de alguna manera, en múltiples niveles y planos de la Creación.

Es posible que muchos estéis pensando que sería mucho más sencillo tener un solo vehículo físico para el alma, y que todo fuera más fácil, sin tantas capas ni componentes intermedios, y que sería menos complejo si existiera algún tipo de técnica o método para que directamente el alma que somos pudiera dirigir el vehículo orgánico que usamos para cada vida sin tantas complicaciones. Algo así como si Michael Knight, volviendo a la analogía de la serie de TV que hemos hecho en la introducción, pudiera conducir el coche sin tantos sistemas de navegación, sin tantos cables de por medio, sin tantos elementos mecánicos y electrónicos, y en definitiva, si toda la estructura fuera más liviana y manejable.

En general, esto sería lo normal en niveles superiores de existencia, donde la estructura energética que el cuerpo equivalente al alma en otras razas o especies posee es mucho más sencilla, consistiendo solo en unos pocos revestimientos energéticos acorde al lugar de encarnación de ese tipo de vida, pero, para la Tierra, y en concreto para la raza humana, así como para otras muchas en lugares similares al nuestro, por la densidad y vibración del sistema donde estamos encarnando, el "traje" que hemos de usar no permite una estructura tan simple. Ahora veremos porqué.

Debido a que nuestro planeta se encuentra en una de las bandas frecuenciales más densas de todo el entramado energético de la galaxia, que recordemos está formada por siete macro planos, que se dividen a su vez en siete sub-planos y a su vez en otros 7 sub-sub-niveles, existen unas 343 bandas frecuenciales, grosso modo, donde la vida puede "existir" a lo largo y ancho de la Vía Láctea (y de forma parecida en el resto de galaxias del universo). Pero, la "vida", como el conjunto de seres conscientes que habitan por doquier en las diferentes esferas planetarias no está solo en uno de esos sub-niveles, sino que compaginan y materializan su existencia en varios de ellos a la vez. Esto se hace para poder diversificar la cantidad de experiencias y para poder dotar a esa raza, ser o especie de múltiple vivencias a múltiples niveles, de manera que lo que se percibe a nivel físico por los sentidos del cuerpo sea comprendido por los programas de la mente y sean entendidos a nivel espiritual y vivenciados a nivel emocional para darles más intensidad. Para que esto ocurra, significa que esa forma de vida ha de tener la capacidad de interactuar con el plano físico, a través de su cuerpo físico, con el plano mental a través de su cuerpo mental, con el plano etérico mediante el cuerpo etérico, con el etérico también a través del cuerpo emocional, con el plano causal o superiores a través de sus componentes "espirituales", etc. De no ser así, sería una experiencia muy "seca", muy "tosca", muy "plana", en el sentido de que nos perderíamos los múltiples aspectos que una sola vivencia puede otorgarnos cuando es vivida en todos los planos del planeta donde esa experiencia tiene lugar.

Así, y por esta razón, todos los seres de todos los rincones del universo tienen una estructura de varios cuerpos sutiles que les permiten interactuar con la estructura del planeta donde están encarnando a todos los niveles del mismo, y, a medida que vas subiendo de nivel evolutivo y avanzando por los "cursos" de la Creación, tu estructura se vuelve cada vez más refinada, menos capas y cuerpos son necesarios, menos densos y en mayor vibración se tornan y puedes entonces seguir avanzando simplemente siendo el ser que eres, con únicamente uno o dos recubrimientos que te facilitan la gestión energética y la interacción con el entorno donde tengas o hayas decidido vivir tus experiencias.

Volviendo pues al ser humano, debido a la complejidad del sistema de vida en nuestro planeta, se hizo necesario dotarnos de una estructura de múltiples cuerpos sutiles, de los que ya conocéis muchos de vosotros los nombres y funcionalidad que tienen y que listamos para refrescar. Todos nosotros poseemos, como mínimo y por defecto los siguientes cuerpos:

- Físico
- Etérico
- Emocional
- Mental
- Causal

Y luego, algunas personas, muy pocas en todo el conjunto de la vida humana en el planeta, tienen desarrollado alguno de los cuerpos siguientes:

- Emocional superior
- Intelectual superior
- Espiritual superior
- Cuerpo solar

La razón, de nuevo, por la cual estos últimos cuatro cuerpos no están presentes en prácticamente ningún ser humano es que no hemos llegado aún al nivel evolutivo en el que se inicia su cristalización, materialización y creación, de manera que no son cuerpos o estructuras que vienen de serie en todos nosotros, como los cinco primeros, sino que son "trajes" que solo aparecen en el sistema energético de una persona cuando esta llega al nivel de consciencia y desarrollo donde estos cuerpos son necesarios. Lamentablemente, como estamos la inmensa mayoría en un nivel de crecimiento tan básico aún, como digo, pocas personas en la Tierra tienen, si acaso, alguno de los cuerpos superiores desarrollado o en fase de desarrollo, pero todo llegará, aunque se tarden siglos para ello, en algún momento estaremos en condiciones de poseer los 9 cuerpos en su totalidad.

Si hemos comprendido entonces la idea del porqué es necesario que poseamos una estructura tan compleja, veamos cómo se gestiona y qué lleva las riendas de qué parte. Evidentemente, en el ser humano, es el cuerpo que llamamos el alma, del que hablaremos en el siguiente tema, el que tiene que gestionar todo este conjunto de vehículos evolutivos que vienen de serie en nosotros. Sin embargo, en general, no lo hace, pero no lo hace porque no puede hacerlo, debido a que, digamos, el "Kit" que forma nuestra programación en la psique y en el cuerpo mental, fue dotado de un mecanismo de conducción automático y de auto-pilotaje, de manera que tomó las riendas del conjunto de la estructura básica y energética, y por mucho que el conductor se esfuerce por pasar a modo manual, si no hay una fuerte voluntad de hacerlo y la consciencia para ello, en general, en término medio, el ser humano funciona el 99% del tiempo que pasa encarnado en una vida en piloto automático, dejándose llevar y guiar por los automatismos de la mente, la programación de la misma, las dinámicas que rigen su vida a nivel social, profesional, cultural, educativo, etc. Por lo tanto, aunque parezca mentira, no es necesario un alma para que un cuerpo físico se pueda desenvolver en sociedad, pues los programas y personalidad de la mente, gestionadas por el programa ego, pueden llevar las riendas perfectamente de la interacción y programación social, aunque evidentemente sin el alma, esa personalidad está lejos de ser una personalidad "humana", en el sentido cálido, comprensible y relacional de la palabra que le damos cuando decimos que alguien es "muy humano" o "muy buena persona".

Es curioso que usemos esta frase para referirnos a alguien bueno, cariñoso y que tiene una serie de cualidades que, a priori, están en todos nosotros, pero no las activamos, y, en muchos casos, no están a la vista porque precisamente al ser cualidades, en muchos sentidos del alma, no terminan de relucir a nivel de personalidad cuando es el conjunto de patrones de comportamientos y automatismos los que dirigen nuestra experiencia terrenal.

Pero volviendo al tema de conducir el sistema energético, es el alma quien tiene la responsabilidad de hacerlo, y al alma le asiste el espíritu y el Yo Superior, conceptos que veremos luego en el siguiente capítulo en más detalle.

Entonces, para que el alma pueda poner en marcha toda una serie de experiencias que le otorguen las vivencias necesarias para adquirir las lecciones evolutivas que necesita, ha de trabajar en todos los planos del planeta simultáneamente, así que necesita el cuerpo físico para poder desplazarse y experimentar en el mundo terrenal de los sentidos, necesita el cuerpo etérico para proteger el cuerpo físico energéticamente, para poder interactuar con los sistemas de energía etéricos del planeta y para poder dotarnos de un entramado de enlace entre la parte más densa y la parte más "mental". Necesita un cuerpo emocional, aunque esto no es del todo correcto, pues el cuerpo emocional no existía inicialmente antes de la manipulación genética que sufrió el ser humano por parte de otras razas y grupos venidos de allende, que conocemos la mayoría de nosotros con el nombre de Anunnakis o Dracos, y de los que hablaremos en algún otro capítulo. Pero ahora mismo, tal y como estamos diseñados en este momento de nuestra evolución como especie, el cuerpo emocional es indispensable para entender a la raza humana, pues somos altamente volubles emocionalmente y eso nos lleva a poder experimentar un rango de sensaciones de las que pocas otras razas pueden disfrutar en todo este universo.

Esto significa que el alma, al poseer la capacidad tanto de disfrutar de la experiencia más sublime a nivel de felicidad, alegría y amor, tanto como poseer la capacidad de vivir la experiencia más negativa posible en términos de miedo y sus derivados, está recogiendo una cantidad de vivencias enorme comparado con lo que se puede llegar a experimentar en otros sistemas planetarios. Y eso es bueno para algunos y malo para otros, dependiendo del tipo de visión que tengamos y la programación y situaciones que hayamos vivido, porque desde un punto de vista más "elevado", en realidad, solo son experiencias, sin polaridad o juicio de valor asociado, aunque evidentemente todo lo que está relacionado con el miedo y las emociones negativas queda lejos de ser deseado por el ser humano, y todo el mundo anhela, consciente o inconscientemente, experimentar la vida solo desde el polo positivo de la misma. Sin el cuerpo emocional esto sería también posible, pero con un rango mucho menor de grados de intensidad, es decir, sin el cuerpo emocional seguiríamos sintiendo miedo o alegría, amor o enfado, pero lo haríamos a través de la codificación y transmutación energética de nuestro cuerpo etérico, de manera que este tipo de energías "emocionales" irían a los procesadores etéricos de los paquetes energéticos que poseemos, y, de ahí, serían trabajadas y experimentadas por nuestra personalidad.

Esto nos haría ser algo más "templados" a nivel de carácter, nos llevaría a ser personas más "planas" a nivel de respuestas emocionales, y, para algunos, sería estupendo que así fuera, y para otras personas sería inconcebible que algo así se nos pudiera arrebatar. En todo caso, es como es, pues ahora ya no se puede evitar nacer y venir a este mundo con el cuerpo emocional junto con los otros cuerpos sutiles básicos, pero no era así en nuestro inicio como especie, hace miles de millones de años, cuando, antes de los primeros experimentos genéticos, aquello que iba a estar destinado a convertirse en el homo sapiens no poseía este traje o vehículo emocional que hemos comentado.

Y tras el físico, etérico y emocional, por otro lado, no puede concebirse el concepto de ser racional y pensante si no se tiene una conexión con el plano mental del planeta donde vas a encarnar, ya que el mundo de las ideas y de los pensamientos transcurre en esta estructura de todo planeta en todos los rincones del universo. Esto quiere decir que, por diseño, todos los planetas tienen un equivalente al plano físico, sea tan denso o menos que el nuestro, pero siempre existe un sustrato más "material" para la vida, aunque como digo, esté en un nivel vibracional muy elevado para nosotros. Todos los sistemas tienen un equivalente etérico, aunque puede estar de nuevo en otros niveles frecuenciales altísimos a nuestra percepción, también todos los planetas tienen un equivalente al campo o sustrato astral, como el campo de energía donde se sustenta y amalgama todo el resto de estructuras del planeta, y todos los sistemas planetarios tienen también una estructura, campo o plano mental.

Por lo tanto, todos los procesos de creación de la realidad para aquellos existiendo en ese planeta pasan por el diseño de esa realidad a nivel energético, en el plano mental, de manera que nunca puede existir nada en ningún lugar que no haya nacido como idea, pensamiento, arquetipo, etc. Y el único punto de cada esfera planetaria donde se pueden almacenar este tipo de formas mentales es el plano mental y causal, en este caso, de la Tierra.

Así, si el ser humano necesita poder enlazar con el plano mental de la Tierra para poder conectar, emitir, recibir, crear y manifestar el mundo en el que vive, necesita un cuerpo mental para ello, con una serie de programas y decodificadores que se instalan en las esferas mentales, que forman el conjunto de la psique, y con un enorme banco de datos que llamamos la memoria y que se encuentra a diferentes niveles y sustratos dentro del mismo cuerpo mental. Sin el cuerpo mental y sus componentes asociados de la psique, el alma no podría procesar intelectualmente las experiencias vividas a nivel físico, etérico y emocional, y, por lo tanto, no podría ser consciente de ellas, entenderlas, aprender de las mismas, interiorizarlas y luego traspasarlas a los niveles superiores de nuestra estructura. Es, como ya veis, de lejos, uno de los cuerpos más importantes que tenemos, que no es que los demás no lo sean, pero sin el cuerpo mental y su estructura, no seriamos capaces de entender y movernos por el mundo en el que encarnamos.

Y, finalmente, el cuerpo causal, ¿para qué nos sirve? Nos sirve para procesar, aunque no nos demos cuenta, los niveles de energía más altos a los que en general el ser humano llega con su capacidad "media" de interacción multidimensional, es decir, que, en general, como mucho podemos captar y experimentar "cosas" que existan desde el plano físico hasta el causal y no más allá. Así, el cuerpo causal o espiritual, es el cuerpo destinado a recibir y sintonizar con las energías y procesos que se mueven en esta parte alta del plano mental, pues están muy unidos y relacionados entre sí, con la diferencia de que el alma puede aprovechar, y de hecho aprovecha, el cuerpo causal como envoltorio único entre vidas, entre encarnaciones, de lo que también hablaremos en algún momento en el libro. Esto hace que el resto de cuerpos sean de "quita y pon", pues en cada vida nos desprendemos de todos los cuerpos inferiores y nos los volvemos a construir de nuevo, pero el cuerpo causal se mantiene intacto, solo recibiendo una serie de sanaciones y limpiezas para que pueda funcionar correctamente.

Este mecanismo le asegura al alma un envoltorio protector que le sirve como repositorio de la información que en cada existencia se adquiere, algo así como un listado de todos los personajes que estamos siendo o hemos sido, y no es que el alma no pueda mantener este "listado" por ella misma, pero es necesario la energía del cuerpo causal como repositorio de esta información para poder trabajar con ella y filtrar lo que no es necesario, lo que si lo es, lo que se traspasa a niveles superiores, etc. Es como decir que en el cuerpo causal se almacena en bruto todo el conjunto de vivencias y aprendizajes, mientras que el alma toma para sí solo lo que cree adecuado destilándolo y sanando parte de aquello vivido que no requiere para su procesamiento de las siguientes vidas, y solo esta parte, y no el conjunto de todo lo experimentado, es traspasado al espíritu, si está presente, y al Yo Superior para ser almacenado en los registros personales de cada ser humano en el interior de nosotros mismos.

Ahora, sabiendo que cuerpos tenemos y con qué partes de la estructura del planeta interactúan, ¿Cómo se forman? ¿Quién los crea? ¿Se compran en alguna "tienda etérica" o los construyen las almas por si solas? Evidentemente podemos obviar la parte de adquirirlos en ningún supermercado astral, pero no la parte de que realmente se han de crear en cada uno de los planos a los que estos cuerpos hacen referencia. Esto es sencillo de entender si nos fijamos en la materia que forma nuestro cuerpo físico. ¿De qué está hecho el cuerpo sólido que usamos? De células, formadas por moléculas, formadas por átomos, formados por electrones, protones y neutrones, y estos dos últimos por partículas menores a nivel cuántico. Pero, en todo caso, los componentes del cuerpo físico son componentes del plano físico, así que la energía y la materia de la Tierra en su nivel más denso es aquella que forma la materia del cuerpo que para nosotros es el envoltorio sólido que poseemos. Por lo tanto, "polvo somos y al polvo volvemos", que dice el refrán, y que nos viene a indicar que los átomos que hoy forman mi bazo o mis pulmones en otro momento han sido parte de componentes orgánicos de plantas o cualquier otro elemento del planeta.

De la misma manera, si mi cuerpo físico está hecho con materia del plano físico, mi cuerpo etérico estará hecho con materia del plano etérico, como así ocurre. Las partículas de energía que forman el entramado etérico de la Tierra son las que se usan para diseñar y construir el envoltorio etérico de toda forma de vida, no solo la humana, sino la mineral, vegetal y animal de nuestro planeta. ¿Y la materia del cuerpo emocional? Pues la materia del cuerpo emocional viene también en parte del plano etérico y del sustrato astral, así como la materia para construir el cuerpo mental viene del plano mental, y la materia para la creación del cuerpo causal viene del plano causal. Para cada estructura que poseemos, los elementos que lo forman provienen del plano respectivo del planeta con el que hacen conexión.

Luego ¿cómo se forman? ¿Quién lo hace? No lo hace el alma, como podríamos responder intuitivamente, ya que no tenemos la capacidad ni conocimiento a nivel de "ingeniería energética", vamos a decirlo así, para poder crear nosotros mismos los cuerpos sutiles que necesitamos. Por lo tanto, necesitamos ayuda. ¿Ayuda de quién? De otros seres que viven y existen en esos planos, que tienen la función de crear y asistir a la vida consciente en el plano físico, esto es, a los cuatro reinos de la naturaleza que conocemos, a crear las estructuras energéticas que necesitan. De esta manera, recibimos ayuda, el alma recibe ayuda, de seres del plano etérico y del campo astral, así como del plano mental y causal para la construcción de los cuerpos básicos inferiores y gracias a ellos, a estos seres, podemos recubrirnos de esta serie de estructuras necesarias para la vida en la Tierra.

Por lo tanto, tal y como hemos visto, es necesario que existan diferentes trajes y cuerpos para que la unidad de encarnación, el alma, pueda llevar a cabo su periplo evolutivo, y sin ellos una gran parte del mismo no se puede realizar, al menos en el nivel de consciencia que tenemos en estos momentos en la Tierra, a nivel de la raza humana. Veamos ahora que sigue "hacia arriba" y terminaremos de comprender la estructura que nos forma y el porqué de la misma.

4. Los componentes que hacen de enlace entre los cuerpos sutiles y la estructura de gestión álmica, espiritual y de ser o Yo Superior

Continuamos con nuestra exploración del compendio de "bloques" que forman lo que llamamos "ser humano" y ahora queda otra pregunta en el aire. ¿Cómo se conectan entre sí los diferentes componentes que hemos visto? ¿Cómo se pasa información de unos a otros para que pueda existir un sistema de gestión coordinada de todos ellos? Evidentemente, como hemos dicho en el capítulo anterior, es el alma la que gestiona o ha de gestionar todo el conjunto de cuerpos básicos, pero ¿cómo le llega al alma la información de lo que está siendo procesado por el cuerpo emocional o mental, o lo que está siendo percibido por el cuerpo etérico o vivido por el cuerpo físico? Como ya podemos suponer, no solo hay un conjunto de bloques y cuerpos que tienen cada uno una función, no solo hay un sistema de alimentación que nutre a todos ellos de la fuerza y vitalidad necesaria para que hagan su trabajo, sino que existe, además, un sistema de coordinación y retroalimentación para todo el conjunto. Vamos a estudiarlo.

El ser humano posee dos "hilos" muy importantes que unen y conectan toda la estructura que nos forma. Son muy conocidos en toda la literatura esotérica y en todas las terapias energéticas, pues de ellos depende que todos los componentes y elementos de nuestra estructura estén "hilvanados" y conectados entre sí. Los nombres más comunes para estos dos "cables" son el cordón de plata y el cordón dorado, este último también denominado línea del Hara o hilo de fuego.

Pero estos filamentos energéticos no son los únicos que enlazan toda nuestra estructura sino que, a un nivel menor, poseemos una red enorme de "cables", parecidos a los hilos y filamentos que hemos comentado en el primer tema que eran usados para captar las energías del entorno, del planeta, del sol, etc., para nuestra correcta nutrición, con la diferencia que, en este caso, esta segunda "red de hilos" sirve para llevar información de un punto de nuestro sistema energético a otro, de manera que, siempre, en cualquier parte del mismo, cualquiera de los componentes que nos forman tengan conocimiento y acceso al estado de todos los demás.

¿Para qué es necesario? ¿Son los cuerpos sutiles capaces de analizar información del resto de cuerpos? Lo son, aunque nos parezca lo contrario, si separáramos cada cuerpo sutil del ser humano, y nos pusiéramos a "hablar" con ellos, tendríamos respuesta. Esto significa que cada cuerpo que nos forma es autoconsciente, evidentemente a un nivel menor que el alma y el resto de componentes superiores, pero puedes "hablar", vamos a decirlo así, independientemente con tu cuerpo emocional y tendrías información sobre el estado de esta parte de ti, así como puedes dialogar con tu cuerpo mental, etérico o físico, esto último siendo algo ya más conocido por las diferentes técnicas y terapias que trabajan directamente sobre nuestra parte más "densa".

Así, estos cuerpos, que poseen una mínima consciencia de ellos mismos, tienen que tener algún tipo de acceso a la información del resto de vehículos que nos forman, y, por lo tanto, esta red de filamentos y cables energéticos es la encargada de proporcionársela.

El funcionamiento es bastante simple y parecido a lo que sería una centralita telefónica de las antiguas. Primero, los canales principales de información son, como hemos dicho, el cordón de plata y la línea del Hara, por lo tanto, son como dos "súper autopistas" de datos que nacen del Yo Superior, ambas, y bajan conectando todos los cuerpos y estructuras que poseemos. El cordón de plata es algo más corto que el dorado, terminando en el ventrículo izquierdo del corazón, mientras que la línea del Hara o el cordón dorado nos conecta a todos y cada uno de nosotros con el núcleo energético del planeta, dotándonos también de la capacidad y habilidad de estar "enchufados", de forma natural, a la reserva enorme de energía que la Tierra representa.

Desafortunadamente, en muchos casos, este cordón dorado está desconectado, dañado o distorsionado, por lo que es necesario su reparación mediante las diferentes técnicas o terapias energéticas que podamos conocer para devolverlo a su correcto funcionamiento.

La función del cordón dorado o línea del Hara también difiere ligeramente de la función del cordón de plata, pues mientras que este último sirve de puente entre cuerpos sutiles y permite al alma entrar y salir del vehículo que ocupa para cada encarnación, algo que veremos también más adelante, el cordón dorado permite y facilita al Yo Superior enviar "órdenes" y comandos para que el resto de la estructura las ejecuten bajo su gestión.

Por otro lado, además de estos dos macro canales, como hemos dicho, la red de filamentos comunicadores actúa bajo la batuta del Yo Superior en todos los casos, pero existen componentes energéticos en cada cuerpo sutil, llamados en la literatura esotérica los *"átomos simiente"*, que son los encargados de ejecutar la recepción y envío de todos los paquetes de datos de un punto a otro de aquello que forma al ser humano.

Para aquellos que no hayáis oído nunca hablar del concepto de "átomo simiente", imaginaros unas partículas ínfimas en tamaño a nuestra percepción, pero infinitamente capaces de almacenar cantidades ingentes de datos de esta y otras encarnaciones, actuando como si fueran el equivalente a la "caja negra" de los aviones, que guardan todo lo que sucede en el aparato para poder luego tener un registro de la actividad mecánica y electrónica del avión durante el vuelo. Pues bien, los átomos simiente hacen una función parecida, registran en sí mismos todos los paquetes de datos que se van cruzando todos los cuerpos sutiles entre sí, y hacia el alma, y desde el alma hacia "abajo", hacia el cuerpo físico, así que, además de enviar y recibir los paquetes con la información y contenido que ha de ser comunicada y traspasada para el buen funcionamiento del conjunto, se guardan una copia de estos paquetes de datos para que puedan ser analizados luego por el alma y el Yo Superior en el llamado periodo entre vidas, y de ahí preparar, con esta información, el proceso de entrada y encarnación en la siguiente, desde el punto de vista lineal del tiempo, pues ya veremos más adelante que, para nuestro Yo Superior, todo sucede de forma simultánea.

De esta manera, estos "átomos simiente" son componentes extremadamente importantes en la gestión de todo el conjunto energético, porque no solo regulan y trabajan con los chakras y el sistema de canales del primer capítulo que hemos visto, no solo conectan y retroalimentan a todo el conjunto de cuerpos sutiles del segundo capítulo, sino que, además, guardan todos los datos de todo lo que sucede a todos los niveles del ser humano, para que vida tras vida tengamos una enorme base de datos que ayude a la revisión, análisis, aprendizaje y luego preparación para la siguiente encarnación que deseemos tener.

Con esto en mente, además, ya podéis imaginar que los átomos simiente no se destruyen de una vida para otra sino que se traspasan de estructura en estructura, de avatar en avatar, de personaje en personaje. Habiendo sido creados por el Yo Superior usando parte de su propia energía consciente, se insertaron en la primera encarnación que tuvimos como seres humanos en este planeta, la primera vez que "entramos" a disfrutar aquí de este "juego", y siguen con nosotros hasta la "última partida", donde entonces serán reabsorbidos por el Yo Superior con toda la información que ahora contienen y cuyos datos serán "volcados" de nuevo en el enorme repositorio de información que son los llamados "archivos akáshicos" de la Creación, no solo en los campos locales de datos que existen en nuestro planeta, sino a nivel "cósmico", para entendernos, donde se almacenan para todas las formas de vida que son capaces de acceder a ellos, los datos de todos los tipos de seres y las experiencias que han sido registrados por todos aquellos formando parte de ese sistema solar, galaxia o incluso, el universo entero.

La posición de estos "átomos simiente" es también muy conocida por todos aquellos que, en algún momento, se han adentrado en el estudio del sistema energético del ser humano. Ya hemos dicho que el cordón de plata "muere" en el ventrículo izquierdo del corazón, donde está conectado a nivel físico-energético, y ahí es donde se ubica el átomo simiente correspondiente al cuerpo físico, tanto en su nivel 1.1, que es para nosotros la materia que podemos "tocar", como en el resto de sub-niveles, del 1.2 al 1.7, que son envoltorios energéticos también pertenecientes a este cuerpo físico pero de materia sutil y menos densa.

A continuación, el átomo simiente del cuerpo etérico se ubica en la parte frontal del torso, en el pectoral, a la altura del plexo solar, pero, en este caso, en el cuerpo etérico. El átomo simiente para el cuerpo emocional se encuentra a la altura del hígado, pero en el "nivel emocional" de este, y el átomo simiente para el cuerpo mental se ubica en la cabeza, en el lóbulo frontal. El átomo simiente del cuerpo causal es algo diferente, pues es una especie de base de datos permanente que nunca se mueve de sitio, ni se saca ni se desplaza, como es el caso de los cuatro anteriores, que han de ser trasladados hacia el alma cuando fallecemos en cada encarnación, ya que los cuerpos inferiores físico, etérico, emocional y mental son desintegrados vida tras vida y solo el causal permanece. Por lo tanto, el átomo simiente causal tiene una propiedad extra que el resto no posee, y es la de actuar como coordinador de los átomos simientes del resto de cuerpos inferiores, como un "servidor informático" que actúa de coordinador y gestor de cuatro estaciones de conexión a la red y lleva la gestión del tráfico interno entre ellos. Con estos cinco átomos simiente, y la red de filamentos de comunicación, más el cordón de plata y el cordón dorado, ya podemos ver que tenemos un sistema de comunicaciones perfecto, en completo funcionamiento y a pleno rendimiento para que todos los elementos que nos forman estén siempre actualizados acerca del estado de todos los demás.

¿Puede fallar este sistema de comunicaciones en algún momento? Si, puede hacerlo, y de hecho, a veces falla. ¿Cómo es posible y qué es lo que falla? En general, el sistema en conjunto no es lo que da problemas, sino el envío y recepción a veces de algunos paquetes de datos, que, por la misma configuración distorsionada de la persona, los mismos bloqueos, taponamientos y otros elementos limitadores presentes en nosotros, puede generar la pérdida de algunos de los paquetes de datos que se envían de un punto a otro de nuestro sistema.

Si esto sucediese, evidentemente existen mecanismos y otros paquetes de datos que, llevando información parecida, avisarán al resto de elementos de que algo no está funcionando bien, pero es necesario corregirlo, de la misma manera que, si por ejemplo, el sistema nervioso del cuerpo, los dos que tenemos, no llevaran los impulsos eléctricos del cerebro a los músculos para darles las órdenes que estos tienen que ejecutar. Puesto que esto es un problema real que desgraciadamente muchas personas en el planeta manifiestan, lo mismo sucede a veces con el envío de impulsos energéticos de un cuerpo a otro o de un componente a otro. Para solucionarlo, tal y como hemos hecho en el primer capítulo, vamos a ejecutar una petición de sanación a nuestro Yo Superior para empezar a limpiar, reajustar y eliminar posibles bloqueos y taponamientos que tengamos en todo el conjunto del sistema de información, y, a partir de aquí, podremos ver como el sistema de retroalimentación que poseemos funciona mucho más eficazmente.

Bien. Antes de ponernos con la petición, ahora que tenemos más claro el sistema de comunicación entre cuerpos sutiles y el alma, ¿cómo suben los datos hacia el espíritu, si existe, y hacia el Yo Superior?

De igual manera que desde los cuerpos sutiles hacia el alma, pero, en este caso, es necesario un filtro que elimine los miles de paquetes de datos superfluos que no va a ser necesario que sean "elevados" hacia los componentes más "altos" del ser humano. ¿Por qué? Porque hay muchos paquetes de información que son para la gestión puntual de un órgano, para dar una instrucción a un cuerpo sutil, para recabar el estado de un componente energético, y son paquetes de "mantenimiento" y no de "evolución", es decir, por un lado, hay miles de envíos de pulsos y datos de un punto a otro para garantizar que el cuerpo físico y los energéticos funcionen con la precisión de un reloj, y ese tipo de datos no es necesario que sean almacenados por el espíritu o el Yo Superior puesto que no comportan lecciones o aprendizajes evolutivos. Por lo tanto, igual que en los cuerpos inferiores existe un átomo simiente que coordina el envío y recepción de paquetes de información, el alma posee un mecanismo parecido que podemos llamar "coordinador de envíos álmico", que filtra y ejecuta el proceso de destilación de qué tipo de datos tienen que ser traspasados hacia "arriba" y cuáles no.

El alma pues, como ya podéis ver, sí que recibe todos y cada uno de los paquetes de datos de la estructura energética inferior, y tiene que procesarlos, pero así como a nivel de personalidad tenemos en nuestra psique cantidades enormes de programas que a nivel subconsciente e inconsciente hacen el procesamiento de miles de datos al minuto para que la estructura cognitiva y consciente funcione a la perfección, sin que la mente "lógica" y racional del "yo" que esté a cargo de la personalidad en ese momento se entere, en el alma también hay componentes "automáticos" de proceso de información que hacen que la parte autoconsciente de este cuerpo de enlace no necesite estar pendiente de todo aquello que le llega para decidir si lo procesa y descarta o si lo procesa y envía al Yo Superior.

De esta manera, el alma, que también está limitada en sus potenciales y capacidades, ya no tiene que preocuparse del filtrado de datos de manera consciente, pues los paquetes que el sistema de envío y recepción del cuerpo y estructura energética transmiten constantemente poseen ciertos códigos, ciertas frecuencias y ciertos indicadores que permiten a los filtros automáticos del alma decidir y reenviar solo aquello que es necesario, y usar el resto para coordinar los componentes inferiores que forman la estructura básica que poseemos.

Entonces, si el alma ha de coordinar todo lo anterior, ¿quién coordina al alma? ¿Quién le asiste, le da instrucciones, la guía y la apoya? Evidentemente lo hace el espíritu y lo hace el componente que llamamos el "ser" o el Yo Superior, siendo sinónimos que usaremos a lo largo del libro para referirnos a esta parte nuestra.

El espíritu, como muchos ya sabéis y hemos mencionado, no está presente en la mayoría de personas, a pesar de que esta afirmación pueda suponer un choque a la personalidad, pero hemos de explicar que es lo que entendemos por espíritu, para que se comprenda de que estamos hablando.

Así como hemos dicho que el ser humano tiene 9 cuerpos en el diseño original de la forma antropomórfica a partir de la que estamos hechos, pero solo tenemos 5 cuerpos que vienen de serie y el resto tenemos que "crearlos" con nuestro trabajo interior, con el espíritu pasa lo mismo. El espíritu es un cuerpo consciente que, si está presente, se ubica entre el alma y el Yo Superior, haciendo de puente y enlace entre estas dos partes del ser humano, y, si no está presente, entonces el Yo Superior comunica directamente con el alma y la personalidad.

¿Por qué no está presente este cuerpo que llamamos espíritu en la mayoría de personas? Por la misma razón que los cuerpos superiores tampoco lo están, porque no hemos llegado al nivel evolutivo necesario para que este cuerpo de enlace "cristalice" y se forme, de manera que, cuando lo hace, es cuando la persona empieza un camino evolutivo que le lleva y le permite transitar por niveles de consciencia de orden superior, que no están disponibles para el alma, y, por lo tanto, son lecciones, aprendizajes y vivencias que tienen que ser abordadas desde el espíritu, traspasadas hacia el alma, y manifestadas y vividas luego por la personalidad y el cuerpo físico. Mientras el espíritu no esté presente en la persona, sea cual sea el nombre que le pongamos a este cuerpo superior, el ser humano no tiene la capacidad de "sintonizar" con ciertos procesos, octavas y situaciones que, "naciendo" desde los planos y niveles superiores del planeta, están disponibles como experiencias evolutivas solo para aquellos que tienen la capacidad de sintonizarse con ellas a través de este vehículo.

¿Cuánto tiempo se tarda en formar un espíritu? ¿Si se forma en una vida, se mantiene para todas? Correcto. En el momento en el que una persona llega a un cierto nivel evolutivo y empieza a formar su espíritu, este ya se mantiene para todo el resto de encarnaciones, así que, de nuevo, de forma lineal en el tiempo, si el espíritu se cristaliza en una encarnación determinada, en la siguiente la persona ya nace con el espíritu formado y ocupando el lugar que le toca entre el alma y el ser. Puesto que el tiempo es simultáneo, la otra forma de verlo es diciendo que cuando en una de las encarnaciones que tenemos conseguimos empezar a cristalizar y crear el espíritu, se forma automáticamente para todas las demás, siendo este punto de vista algo más complejo de entender, porque eso significa que si ahora en el año 2019 yo formo mi espíritu, de repente estará también formándose en el siglo V donde estoy también teniendo otra vida simultánea, pero es correcto y es así, ya que, repito, todas nuestras encarnaciones suceden a la vez, pues el concepto del tiempo lineal es solo una percepción del alma y de la personalidad, y todo se encuentra activo en un "eterno ahora" desde la visión y la estructura de otros niveles de la Creación más allá de lo que somos capaces de abarcar.

Entonces, supongamos que existe el espíritu para una persona, ¿cómo recibe este los paquetes de datos de lo que el alma está percibiendo y viviendo? Lo hace, de nuevo, a través del cordón dorado y del cordón de plata, y a través de la conexión alma-espíritu que se crea, siendo un cordón o hilo "especial" que se percibe como un canal de luz blanca, también llamado a veces *antakarana* en algunas enseñanzas, que además de ser el nombre que se le da a un antiguo símbolo "místico", es terminología que define un canal de comunicación que facilita que el espíritu pueda asistir al alma en la gestión de la vida terrenal, así como darle instrucciones que vienen desde planos y niveles superiores, o dotar al alma de mayor conocimiento por acceso a repositorios de información más bastos a los que el alma no tiene acceso por si sola por falta de nivel vibratorio adecuado para conectarse con ellos[2].

¿Y si no está el espíritu? Entonces el alma hace lo mismo, pero este canal, el antakarana, no está activo a un nivel tan alto, y es usado parcialmente solo por el Yo Superior para comunicarse con el alma, siendo suficiente en la mayoría de casos el envío y recepción por el cordón dorado y el cordón de plata para ello.

Por último, el gestor de todo el conjunto, como ya habéis visto es el Yo superior o ser. ¿Quién es el Yo Superior? Es un componente que nace o bien directamente de algún nivel de la Fuente que rige todo

---

[2] El símbolo del antakarana además, tiene una forma que representa simbólicamente los brazos en espiral de una galaxia, que, a su vez, representa también la forma que tiene, si pudiéramos verlo, los "hilos "y conexiones que bajan del Yo Superior hacia el espíritu y hacia el alma, algo que era conocido por las antiguas culturas ancestrales del planeta y que dejaron registrado de esta manera.

el concepto de la Creación, o bien es creado por formas de vida superiores para hacer la función de coordinación de esta experiencia terrenal.

¿Qué significa esto? Significa que el Yo Superior es un componente evolutivo presente en todos los seres vivos del universo, de todos los universos, ya que ningún ser consciente puede estar desconectado de algún tipo de unidad evolutiva que provenga de alguno de los "logos" que gestionan las diferentes partes de la Creación. El concepto de "logos" es un término usado para definir a macro seres, entes de enorme capacidad y potencial creador, que rigen diferentes zonas del universo, de la galaxia y por supuesto de nuestro sistema solar. Así, decimos que nuestro planeta posee un "logos planetario", el equivalente al alma y espíritu de la Tierra y que el sol posee un "logos solar", siendo un ser que usa nuestra estrella para sus vivencias y experiencias evolutivas. A nivel de nuestra Vía láctea, hay varios "logos regionales", que son seres que coordinan todos los procesos que permiten la vida consciente en cada zona de la galaxia en la que se encuentran, así como hay un ser que sería el "logos galáctico" responsable de todo lo que existe en la Vía Láctea. Espero que se entienda el concepto.

Por lo tanto, toda forma de vida existente en cualquier planeta, posee una "unidad de consciencia" que, o bien ha nacido de la "Fuente" o uno de sus logos, o bien ha sido creado por otros seres con enorme potencial para ejecutar la función de coordinar algún tipo de vida en algún sitio.

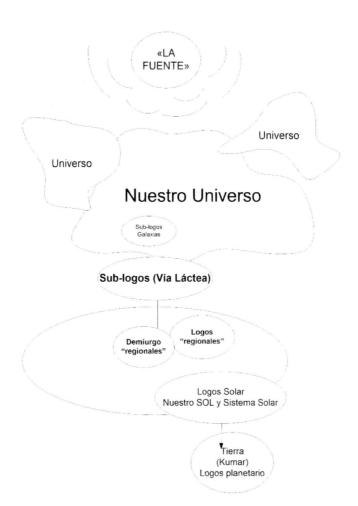

Esto hace que, literalmente, nuestro ser o Yo Superior sea un "orbe de luz" consciente, un enorme "globo energético" que es capaz de dirigir una forma de vida y todas sus existencias, en todos los momentos del espacio y del tiempo, en todas sus vertientes y realidades, a todos los niveles y en todas las dimensiones en las que esa forma de vida está presente. Esto significa, que, para el ser humano, cada uno de los cuerpos que tenemos, con su estructura energética, con su alma y con su espíritu, posee uno de estos "orbes de luz" enlazado que hace de puente entre los logos y la Fuente y jerarquías intermedias, "hacia arriba", y el espíritu, alma y personalidad, "hacia abajo".

Creo que ninguno de nosotros podemos llegar realmente a imaginar el potencial que poseemos a nivel de Yo Superior, porque al tener en sí mismo el poder, conocimiento y capacidad otorgado por el logos del cual depende para la gestión de algún tipo de ser vivo, tenemos a nuestra disposición todo el conocimiento, potencial y capacidades que se tienen en los niveles de la Creación a los que nuestro Yo Superior tiene acceso. El problema, digámoslo así, son las reglas del juego que el ser debe cumplir, y que pasan, entre otras cosas, por no violar nunca el libre albedrío de la parte energética y terrenal, es decir, actuar como una unidad de apoyo, guía, coordinación y gestión, pero dejando completa libertad al alma y a la personalidad para ejecutar, decidir y tomar la responsabilidad de la vida al completo.

Esto es lo que más cuesta en muchos casos aceptar, si mi Yo Superior ya lo sabe todo, si ya está conectado a la Fuente, ¿por qué debo seguir yo aprendiendo cosas o pidiéndole cosas? La respuesta es que nuestro Yo Superior puede saber o no saber todo, pero lo que tiene a su cargo es que el alma avance y evolucione, y, por lo tanto, no se "mete" en los procesos de aprendizaje si no es por petición de la propia personalidad o de la propia alma. Esto hace que, por ejemplo, en este libro, seamos nosotros a nivel de personalidad los que tengamos que pedirle a nuestro Yo Superior que active tal o tal cosa, que limpie o sane tal o cual otra. ¿Por qué no lo hace por iniciativa propia? Porque no tiene permiso para ello. Literalmente, solo se tiene un estrecho margen de permisos para poder ejecutar ciertas cosas cuando la personalidad o el alma no las han solicitado, porque, además, desde el punto de vista del Yo Superior, tampoco existe el concepto de "bueno" o "malo" tal y como la personalidad lo interpreta, así que, en general, muchas cosas percibidas como negativas por nosotros, la parte que está leyendo esto, no son tales desde el punto de vista del ser, y, por lo tanto, el que algo esté "así" o "asá" no es bueno ni malo para este componente que poseemos, y solo si queremos cambiarlo desde "abajo" hemos de pedir que así se haga.

Por otro lado, también hay un mecanismo de información que conecta a todos los seres o Yo Superiores de todos los seres humanos que estamos encarnando en el planeta, de manera que todos y cada uno de ellos, los YS, tienen siempre toda la información que se necesita sobre el estado de la vida en la Tierra, que no sobre lo que les sucede a otros Yo Superiores o sus encarnaciones, que es información no compartida y restringida, almacenada en el propio ser y solo disponible para sí mismo, pero sí que se comparten paquetes de datos de todo lo que pasa en la Tierra. Este tipo de sistema de información es muy parecido al que tenemos en la estructura de nuestros cuerpos sutiles para retroalimentar a todos ellos de lo que pasa en el resto, con la diferencia de que, a nivel de los Yo Superiores, se crea, o existe desde tiempos inmemoriales, un campo "cuántico" de energía que los une a todos ellos y donde se vuelca toda esta información. De esta manera, en este enorme repositorio de datos, es donde cualquier ser puede consultar cualquier cosa sobre cualquier momento del espacio y del tiempo sobre la situación del planeta donde está encarnando. Esta información es la que se usa por ejemplo, para preparar nuevas encarnaciones, pues se puede mirar que sucede en un determinado momento histórico en un determinado punto de la geografía planetaria, decidiendo si es conveniente encarnar en ese momento y en ese lugar acorde a las necesidades evolutivas que el alma tenga en ese punto de su camino de crecimiento.

Como veis, una estructura muy compleja, una estructura muy interesante, muy amplia, muy detallada, que permite una sola cosa, que la vida consciente en la Creación avance, exista, cree experiencias, las integre y retroalimente con ellas a otros para que todos los demás seres conscientes tengan la información de lo vivido y experimentado, y todos podamos aprender con ello.

Concluimos el tema con la petición de sanación y limpieza del sistema de comunicaciones que hemos explicado, y usaremos el mismo método que en el primer capítulo para comprobar su estado y el progreso que se está haciendo del mismo.

"Solicito que se limpien, sanen y eliminen todos los bloqueos, elementos, taponamientos y limitaciones presentes en el sistema de transmisión y recepción de datos en mi sistema físico y energético, dotándolo de las capacidades necesarias para que lleve a cabo su función de la manera más óptima, segura y eficaz, desbloqueando aquello que esté en estos momentos impidiendo que funcione al 100% de su capacidad y potencial, y activando funciones latentes presentes en mí que permanecen inhibidas y apagadas dentro de este sistema de comunicaciones interno que me forma. Gracias. "

5. "La vida consciente", por qué somos conscientes, de qué somos conscientes, qué es la consciencia

Ahora que estás leyendo este libro y hemos pasado ya varios capítulos explicando una parte del funcionamiento que nos convierte en seres humanos, nos vamos dando cuenta de lo complejo que es la estructura que nos forma y la diversidad de elementos que existen en el conjunto multidimensional que somos. Y hemos dicho, "nos vamos dando cuenta". Esta frase ya es toda una paradoja en sí misma, ¿por qué me doy cuenta de algo? ¿Qué hace que yo pueda ser consciente de mí mismo, de las cosas que hago, digo o pienso, del entorno que me rodea y de la realidad en la que existo? ¿De qué manera puedo decir que soy un ser pensante y racional y como sé que es así sin que pueda demostrarlo por los métodos "científicos" tradicionales?

La consciencia es un atributo desconocido para la parte "lógica" y racional del ser humano, está ahí, pero, ¿dónde exactamente es "ahí"? La consciencia no pertenece al cerebro, por mucho que la neurociencia nos lo intente hacer creer ya que no tienen ni idea de otros componentes del cuerpo y su estructura energética. La consciencia tampoco está en la mente, pues esta se ocupa solo de los procesos de decodificación de la realidad, creación de la misma y análisis de los diferentes paquetes de datos y sistemas que necesita para proyectar y entender el mundo en el que la personalidad y el cuerpo físico se desenvuelven. Por lo tanto, si la consciencia no está en el cerebro ni en la mente, ¿por qué soy consciente de que estoy ahora mismo pensando en ello?

Todo lo que existe en el cosmos, en la Creación es consciente de sí mismo. Cada partícula que existe en el ancho y vasto universo, es autoconsciente. La consciencia es el atributo que la "Fuente" da y otorga a todos los componentes que emanan de sí misma, y es universal, infinita, y hasta la partícula más pequeña la posee. Entremos en detalle.

El cosmos, la Creación, los diferentes universos, todo está formado por energía. Esta energía es más o menos densa, más o menos material y más o menos fluida a diferentes niveles de esta misma estructura de todo lo que existe. Si hacemos una analogía con el océano, y con el agua, la Creación es el conjunto del océano, mientras que las partículas que la forman son los trillones de gotas individuales que, siendo parte del mismo océano, tienen consciencia individual de sí mismas y pueden interactuar con otras gotas. Dentro de este mismo océano, hay niveles más altos (como, si dijéramos, más cerca de la superficie) o más profundos (en el lecho del océano), hay lugares donde llega más luz y otros donde está todo oscuro, hay lugares donde hay corrientes marinas más fuertes que llevan a las gotas de esa parte a desplazarse a tremenda velocidad y hay partes donde el agua es un remanso de calma, paz y tranquilidad. Extrapolando esta analogía al conjunto de la Creación, como todo lo que existe en cualquier punto del tiempo y del espacio, a todos los niveles dimensionales, frecuenciales y energéticos, el equivalente a las gotas de agua son partículas energéticas infinitesimales que son llamadas *"mónadas"* en literatura metafísica, esotérica, ocultista y de conocimiento ancestral recibido a través de líneas de sabiduría que se pierden en el tiempo.

Por lo tanto, y usando el espacio que conocemos como universo, el universo está hecho de mónadas, trillones de trillones de ellas, que, "juntas", forman ese mismo universo y todo lo que en él está presente, así como los trillones de gotas del océano forman este mismo océano y todo el conjunto que existe en el mismo y que, para nosotros, es simplemente "agua".

Estas mónadas, estas partículas que son el componente básico de todo lo que ha sido creado, se "juntan" y aglutinan para formar todo tipo de estructuras, de manera que lo que nosotros conocemos como partículas subatómicas, no es otra cosa que millones de mónadas compactadas y formando un "bloque" energético que, en otros órdenes de magnitud, y cuando se juntan con otros bloques de sus mismas características, forman electrones, protones, neutrones, etc. Por lo tanto, el TODO, está hecho de mónadas y estas mónadas tienen tres características.

En todo sistema filosófico o religioso estoy seguro que habéis oído hablar o mencionar la "trinidad" de los aspectos que forman la base de ese sistema. Tanto en las religiones más extendidas por el planeta como en otros sistemas culturales, existen siempre tres componentes que dan lugar a un único aspecto de la existencia. Por este motivo, imagino que muchos conocéis que el símbolo para representar "la Fuente", aquello de donde "todo" emana es un triángulo. Se lo asocia con tres fuerzas, energías y cualidades, y, aunque entendamos y percibamos la existencia como un juego de opuestos, una realidad donde vivimos dentro y bajo el concepto de la dualidad, en realidad el juego tiene siempre tres partes.

No importa que sistema filosófico, religioso, cultural, esotérico o metafísico leáis, todos los fenómenos que existen surgen de la interacción de tres fuerzas. Una se describe como de naturaleza activa, creadora; la segunda como pasiva, receptora; y la tercera como mediadora y neutra. Huelga decir que en el cristianismo, estas tres fuerzas están expresadas en las tres partes de la Trinidad —Padre, Hijo y Espíritu Santo— también se les asignan las características de poder o voluntad, amor y sabiduría. En la alquimia, todo se expresa como hecho por mezclas variantes de sal, azufre y mercurio. En el Samkhya hindú, son los tres gunas —Rajas, Tamás y Satva los que forman todo lo que existe, mientras que en el Hinduismo las fuerzas eran nuevamente personificadas como Shiva, Parvati y Visnú; y cerca de allí, en China se mostraron en la interacción del Yin y el Yang bajo la supervisión del Tao.

En todos estos sistemas la naturaleza de las tres fuerzas es universal, esto es, se considera que penetran en todo, en todas partes y a todas las escalas de tamaño – desde el mundo de los insectos al mundo de las estrellas, y desde el efecto de la luz al del pensamiento de nuestra psique. La ciencia no define ni reconoce una idea general semejante de tres fuerzas, aunque se reconocen ejemplos específicos en el protón, neutrón y electrón, o el ácido, el álcali y los agentes catalíticos en la química.

Así, y volviendo a las mónadas, estas están formadas por esos tres vórtices o polos que hemos mencionado: el polo positivo, el polo negativo y el polo neutro. Además, las mónadas, como las partículas más pequeñas que existen con consciencia e individualidad propia, poseen estos tres polos en forma de vectores, es decir, que las energías que las forman tienen una cierta orientación, de manera que una misma mónada puede alterar la composición y equilibrio de las tres fuerzas que la forman, alternando y variando sus vectores internos. Un vector, para aquellos que no lo recordáis de nuestros estudios matemáticos de la escuela, es una fuerza que tiene una dirección, un sentido y una orientación, y que si se mide respecto a otro vector u otra fuerza con otra dirección, entonces tiene una diferencia angular con el mismo, es decir, se puede medir en grados de círculo la separación, distancia o diferencia entre una fuerza o energía y otra dentro de la misma mónada.

Para hacer las cosas simples (dentro de lo que podemos) en el interior de la "Fuente primaria", de la que ya hablaremos más adelante, todas las mónadas son creadas de forma idéntica, es decir, nacen todas con un perfecto equilibrio entre las tres fuerzas o polos que las forman, de manera que, al estar estos tres componentes en perfecto equilibrio entre sí, la mónada está, por decirlo así, inactiva o latente, ya que se "anulan" mutuamente. Cuando la mónada es "expulsada" hacia la "Creación", "saliendo" del núcleo central de la Fuente primaria generadora, la composición y equilibrio de los tres vectores varía según la función que los grandes Logos cósmicos (el ser que forma cada universo) hayan de dar a esa partícula, siendo entonces el momento en el que podemos empezar a hablar de mónadas con carga positiva, mónadas con carga negativa, o mónadas con carga neutra. Estos tres resultados son solo el producto de la variación de los ejes de los vectores angulares en el interior de las mónadas, inhibiendo alguno de ellos para que prevalezca otro, o cancelando entre si dos para que el resultante sea el que tenga más fuerza y carga.

Por lo tanto, cuando hablamos de energías positivas, hablamos de campos de mónadas unidos en un continuo fluido donde todos los vectores que se encuentran en el interior de las mónadas que forman ese campo están orientados de manera que es la carga positiva o el polo activo el que predomina, y cuando hablamos de campos o energías negativas, son fluidos energéticos donde todas las mónadas que forman ese fluido, campo o fuerza están orientados de manera que el vector del polo pasivo o negativo es el predominante. Finalmente, cuando hablamos de fuerzas o energías neutras, en balance, es el vector "neutro" el que domina por la disposición de las fuerzas en el interior de la mónada.

Ahora bien, todo esto, ¿qué tiene que ver con la consciencia? Pues que la consciencia es el resultado de la combinación de estos tres vectores y fuerzas, o mejor dicho, que estos tres vectores y fuerzas, polos energéticos dentro de cada mónada, tienen la propiedad de ser autoconscientes, y de poder "reconocerse" a sí mismos. Además, la mónada no solo posee los tres polos o vectores que generan las tres fuerzas que hemos mencionado, la activa o positiva, la pasiva o negativa, y la neutra o equilibrante, sino que el conjunto de la mónada presenta tres cualidades que son la extrapolación a un nivel superior de la energía de estos tres vectores, y son las cualidades de energía, consciencia y materia.

Para que nos entendamos, la combinación de intensidad, potencia y fuerza de los tres vectores angulares de una mónada pueden manifestarse de manera que la mónada tenga más energía, más materia o más consciencia, pero siempre estos tres "productos" están presentes en todas ellas. Lo cual es lo mismo que decir que, en la Creación, como todo está hecho de mónadas, todo es consciente, todo es energía y todo es materia. La materia es un producto de la condensación energética de los vectores de la mónada, la energía es un producto de la intensidad de rotación de la mónada sobre sí misma, y la consciencia es un producto de la interacción de la mónada con el resto de mónadas. Este último punto es el que nos interesa tratar a continuación.

Para que algo sea "consciente" de sí mismo, y de los demás, tiene que ser capaz de percibirse a sí mismo y a los demás. Yo sé que hay una silla delante de mí porque la percibo, y como tengo en mis bancos de memoria datos que me dicen que ese objeto es algo que los humanos llamamos silla puedo ser consciente de ella y saber para qué sirve.

Una mónada es consciente de sí misma cuando es capaz de percibir a la mónada de enfrente, a la de al lado, a la de arriba, abajo y a la de más allá, y ser capaz de reconocerse a sí misma en ella, pues, al final, todas las mónadas nacen en el mismo estado, "inerte "o "latente", en lo que enseñanzas metafísicas denominan la *región de lo no manifestado*", o de la Creación "en potencia" y que no es otra cosa que la zona de la "Fuente" de donde emanan las mónadas que forman el sustrato de todo lo demás antes de ser "activadas" para ello.

Pero para que una mónada pueda percibir a otra tiene que ser capaz de "saber" que hay otra mónada, así que el mecanismo que la hace consciente es un mecanismo de "retroalimentación" a través de pequeños pulsos de energía que envía la mónada hacia el resto indicando: "*estoy aquí, soy una mónada activa*". Es así de simple, pero a la vez tan complejo, pues es necesario que toda mónada esté indicando siempre a todas las demás que "está aquí, y que es una mónada". Este mecanismo tan "tonto" a nuestra percepción e interpretación humana, consiste en una ráfaga de la energía que forma el aspecto consciencia de la mónada, de forma que, al emitir y recibir millones de veces por segundo que es una partícula "activa", se hace consciente de la respuesta que recibe del resto de mónadas y el mecanismo de autoconsciencia queda implementado para siempre en el enorme campo cuántico de la Creación para todas ellas.

Ahora extrapolemos este mecanismo a una acumulación de mónadas formando una estructura superior, aún muy pequeña a nuestra percepción, por ejemplo, una de las partículas cuánticas que forman otras partículas superiores que luego forman el entramado de nuestra realidad. Pues para que una partícula cuántica mantenga el atributo de la consciencia, el conjunto de mónadas acopladas entre sí que ahora forman esa partícula cuántica siguen ejecutando este protocolo de retroalimentación energética, de manera que toda partícula cuántica está constantemente comunicándose con el resto de partículas que tiene alrededor en el campo de energía que forman, y así, cada partícula se hace consciente de sí misma, y se hace consciente del resto de partículas con las que interacciona.

Luego, si subimos otro orden de magnitud, nos encontramos con partículas mayores que se rigen por el mismo proceso, pero a una escala superior. Todos los electrones, protones y neutrones interactúan energéticamente entre ellos, y, aunque para nosotros solo sea un intercambio de calor, de energía o de información, que es lo que nuestros experimentos científicos pueden detectar, se intercambian también y constantemente elementos de "consciencia" y de *"estoy aquí, soy una partícula activa"*. Este mecanismo, de nuevo, hace que haya consciencia en todos los átomos, al nivel del átomo evidentemente, y, si vamos "subiendo" en órdenes de magnitud, el mecanismo se mantiene. Así, llegamos a la formación de células, ¿es consciente una célula de sí misma? Totalmente, pero en el nivel en el que la célula existe, por supuesto, así que una célula no comprende las leyes de la física y no es consciente de formas de vida superiores en grado jerárquico y evolutivo a ella misma, y, sin embargo, es completamente consciente del resto de células que co-existen con ella porque forman parte del mismo campo con el que tiene que interactuar. Por lo tanto, si la célula es consciente, ¿los órganos que forman son también conscientes de ellos mismos? La respuesta es obvia, también lo son. De manera que podemos interactuar, ahora sí, ya con la consciencia del cuerpo, porque si cada órgano es autoconsciente de sí mismo, porque está formado por partículas que son conscientes de ellas mismas, entonces el conjunto de órganos del cuerpo forma un "todo" consciente de sí mismo también.

Y esto ya es conocido, al menos en un sentido más o menos amplio, por una gran parte de la población, porque con el cuerpo se puede "hablar", se puede sentir y percibir, se puede "dialogar" desde la mente humana hacia el cuerpo humano. El cuerpo humano "escucha" y responde, en su orden jerárquico dentro de la escala evolutiva a la que pertenece, a otras consciencias que pueden interactuar con él.

Y, como podéis ver, seguimos subiendo en nivel evolutivo, y cuando muchas mónadas con un aspecto consciencia más avanzado se juntan para formar estructuras más complejas, estas estructuras se convierten en formas y elementos conscientes también

78

en su nivel. De esta manera, tal y como habíamos explicado en los capítulos anteriores, nuestros cuerpos sutiles son "entes" autoconscientes de ellos mismos, así que puedes dialogar desde la personalidad con tu cuerpo emocional, que es un conjunto de mónadas formando un entramado de partículas que dan lugar a uno de los cuerpos sutiles que poseemos, en el cual, la consciencia combinada de todas las mónadas dotan al cuerpo emocional de una autoconsciencia que nos permite hablar de la "consciencia" de ese cuerpo sutil como si fuera un ser que es capaz de comunicarse con nosotros de forma autónoma, ya que, en su nivel, tiene ciertas características y posibilidades de hacerlo.

Por lo tanto, y repitiéndonos, todo en la Creación es consciente de sí mismo, y la suma de trillones de consciencias dan a la mayoría de seres la capacidad de conocerse y sentirse "entidades pensantes" y "entidades que se dan cuenta de lo que son y de lo que les rodea". Básicamente, hemos llegado a entender por qué podemos saber que yo soy yo y de que quién tengo al lado mío está al lado mío.

Bien. Si esto es así, la consciencia que me hace ser humano, ¿dónde está? Está en todas partes seria la respuesta adecuada, pero no es del todo correcto si queremos entender realmente porqué yo puedo darme cuenta de que "yo soy yo".

A medida que las estructuras que forman las diferentes formas de vida que existen en este universo, y en todos los demás, se hace más y más compleja, no se puede depender de la consciencia individual de los cuerpos sutiles y del cuerpo físico para gestionar esa forma de vida sin una consciencia superior que guie y aglutine y proteja y dirija todas las consciencias individuales "menores" que forman esa estructura viva. Es decir, el ser humano no puede "existir" como ser humano si no hay una "consciencia coordinadora" que rija y coordine la consciencia del cuerpo físico y de sus órganos, de los cuerpos sutiles, del sistema de chakras y meridianos, y del resto de componentes. Podríamos decir que la consciencia del alma, que sería la suma de la consciencia de los trillones de mónadas que la forman, sería suficiente para dirigir el resto, pero no es del todo correcto. Podríamos decir entonces que la consciencia del espíritu, que como hemos dicho es superior en frecuencia y nivel jerárquico al alma, tendría que hacer este papel, y en cierto modo lo hace si está presente, pero tampoco es correcto al 100%, y por supuesto, podríamos decir que, entonces, la consciencia del Yo Superior, que es la consciencia de altísimo nivel jerárquico de todas las mónadas que forman este "orbe de luz autoconsciente" sería el último responsable de la consciencia como seres humanos que tenemos. De nuevo, sí, pero no.

El prototipo de ser humano, tal y como fue diseñado, fue dotado de un mecanismo de consciencia ubicado en el cuerpo mental de nuestra estructura conocido como "la esfera de consciencia", para que se creara, en esta esfera, aquello que iba a ser el receptor de la consciencia global que regiría el conjunto de la personalidad, liberando al alma, al espíritu y al Yo Superior de usar su propia consciencia para gestionar las funciones de los cuerpos inferiores y del cuerpo físico.

De hecho, este mecanismo es algo normal también, es decir, toda especie "viva" tiene un equivalente a una consciencia principal que rige la parte más física y terrenal de la existencia de esa especie, dejando "libre" la consciencia de los componentes superiores de la misma para otras funciones de monitorización, guiado y asistencia. Por lo tanto, el ser humano, en su estructura, tiene un componente donde se ubican los procesos, energías y sistemas que nos hacen ser "conscientes" de nosotros mismos y que efectúa el proceso de coordinación, bajo supervisión del alma, espíritu y Yo Superior, de los niveles inferiores que hemos visto, y que, a pesar de ser autoconscientes de sí mismos, no pueden asumir la gestión del conjunto de nuestra estructura evolutiva.

Esto viene a decirnos que si no tuviéramos la esfera de consciencia, no seriamos capaces de gestionar adecuadamente el conjunto de procesos que están regidos por la parte física, etérica, emocional, mental y causal, porque estos cuerpos por si solos, solo pueden trabajar en ellos y ser conscientes de sus partes, pero no pueden supervisar o coordinarse adecuadamente sin un elemento "consciente" superior que los rija a todos.

Así, finalmente, entramos en la explicación de cómo funciona la esfera de consciencia en el ser humano o el equivalente en cualquier otra especie, ser o raza de la Creación.

Si pudiéramos visualizar la esfera de consciencia, como su nombre indica, veríamos una esfera de energía ubicada en la parte superior del cuerpo mental del ser humano que ya hemos explicado.

Esta esfera de consciencia, así como el conjunto del cuerpo mental, se ubica en el plano mental de nuestro planeta, de manera que está "hecha" de energía "mental", lo que le otorga la capacidad de almacenar paquetes de datos con contenido e información y procesarlos gracias a los programas presentes en las esferas mentales. Pero, en realidad, aunque hablemos de "esfera", nuestra consciencia tiene forma toroidal, como un "donut", ya que las fuerzas que se mueven por la esfera de consciencia lo hacen siguiendo un movimiento que les lleva a recorrer el torus desde dentro hacia fuera y vuelta hacia el interior. Imaginaros unas corrientes de energía que circulan por este "donut" entrando por el agujero central y saliendo por los bordes externos, volviendo a circular hacia el centro y volviendo a salir por el exterior. Así funciona la consciencia humana, y, por lo tanto, es energía en movimiento, compuesta por trillones de mónadas cuyo componente principal, la consciencia, es el resultado de una alineación particular de los tres vectores que existen en el interior de la mónada y de las tres fuerzas que la componen.

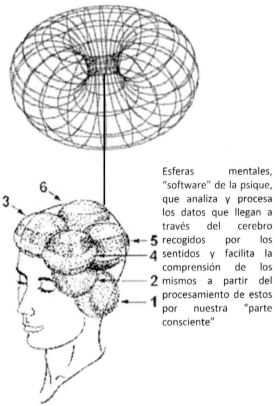

Esfera o "torus" de consciencia, ubicado en el cuerpo mental, en el plano mental del planeta, a un metro aproximado por encima de la cabeza de la persona.

Esferas mentales, "software" de la psique, que analiza y procesa los datos que llegan a través del cerebro recogidos por los sentidos y facilita la comprensión de los mismos a partir del procesamiento de estos por nuestra "parte consciente"

Pero nosotros la llamamos "esfera de consciencia". ¿Por qué lo hacemos? ¿Por qué en la literatura que habla de ella no menciona que es un "torus" energético? Principalmente porque el ser humano no es capaz de percibirla como un torus, o con la forma toroidal que tiene, sino solo con la forma esférica externa, de manera que, si cogemos el "donut", por nuestra incapacidad de percibir el flujo energético y la incapacidad de percibir el círculo o "agujero" central, solo vemos el contorno externo y la forma circular en tres dimensiones, de manera que hablamos de esfera o de forma esférica.

Esta esfera de consciencia además trabaja en muchas dimensiones y planos, es decir, no solo es la base para la personalidad humana y el saber "que yo soy yo" y "soy autoconsciente de mí mismo", sino que además la esfera de consciencia es capaz de captar y percibir energías, procesos, y todo tipo de movimientos en otras dimensiones de la estructura del planeta en el que existimos. Esto permite que afirmemos que la esfera de consciencia es pentadimensional, es decir, que es capaz de trabajar con energías que abarcan cinco dimensiones espacio-temporales, como son las energías y estructuras del plano mental, causal y superiores. De esta capacidad pentadimensional, el ser humano usa tres dimensiones para la percepción de la realidad "física" y una dimensión temporal, pero seguimos sin usar el "potencial" total de nuestra esfera de consciencia porque estamos limitados e incapacitados para ello por las sucesivas y diversas manipulaciones genéticas a las que fue sometido el vehículo orgánico y energético que ahora conducimos.

Con esta configuración tridimensional para la percepción de las dimensiones espaciales que forman la realidad del ser humano, la esfera de consciencia puede coordinar el conjunto de las "consciencias" que forman los sistemas básicos y principales que hemos visto dentro de la estructura sutil de los cinco cuerpos base que tenemos. Ahora bien, la consciencia que se ubica en la esfera de consciencia no es algo uniforme o sencillo de explicar, porque es un complejo entramado energético con diferentes componentes a diferentes niveles que hacen que, desde el punto de vista de la raza que somos, tengamos uno de los mayores potenciales evolutivos latentes en nosotros, ya que, como iremos viendo a lo largo del libro, hay muchas "funciones ocultas" en nosotros, o más bien inactivas, producto de los cambios y manipulaciones sufridas, y que están a la espera de ser activadas a medida que alcanzamos los diferentes estadios evolutivos necesarios para ello.

Entremos pues en detalle al respecto. Dentro la esfera de consciencia vamos a dividir en dos las funciones principales que posee. La primera, la conexión con el Yo Superior, desde el centro de la misma, en el punto que se ha llamado el Centro de Consciencia Universal y que veremos en otro capítulo más adelante, y en su superficie, lo que se denomina la consciencia artificial y la personalidad "egóica" del ser humano.

Dos "consciencias" dentro de la misma esfera de consciencia, conviviendo, pero no superpuestas ni trabajando conjuntamente. La primera de ellas, es la consciencia proyectada desde el Yo Superior a través del cordón dorado y que es conectada al centro energético de la esfera de consciencia, dotando al ser humano de una conexión con el nivel evolutivo del ser que somos, y al cual podríamos tener acceso desde la mente consciente y la personalidad si no existieran la mayoría de bloqueos y limitaciones y manipulaciones que la esfera de consciencia posee en sí misma. Por lo tanto, hay una "consciencia" muy elevada, la que nos otorga nuestro Yo Superior, latente en el centro de nuestra esfera de consciencia, y, desde la cual, el Yo Superior supervisa a la personalidad, que ahora veremos que se encuentra en la superficie de esta misma esfera de consciencia, aunque sin llegar a intervenir en la misma, sin llegar a gestionarla al menos que esta misma personalidad, y/o el alma, empiecen a tomar las riendas del vehículo que tenemos y empiecen a despertar y usar esta conexión latente hacia el Yo Superior de manera "activa" y permanente. Mientras tanto, nuestro ser, conectado y siempre presente en nosotros a través de su conexión con el centro de la esfera de conciencia, recoge las experiencias y vivencias que el alma y el espíritu le transmiten, monitoriza el estado de toda la estructura energética, supervisa las lecciones, aprendizajes y eventos de la realidad de la encarnación en curso, y, sobretodo, intenta ayudar, apoyar, guiar y orientar sin interferir en el libre albedrío de la personalidad y del alma en todo el proceso de crecimiento por los que estos han de pasar y están pasando.

En realidad, todo sería más fácil si la consciencia del ser o Yo Superior estuviera en control de la personalidad, nos sería mucho más sencilla la comprensión de las reglas del juego en el que estamos metidos, veríamos las cosas tal y como las percibe nuestro Yo Superior, y se comprenderían las situaciones, lecciones y vivencias desde un punto de vista mucho más amplio y elevado. De hecho, originariamente, esa era la intención de la forma de vida que ahora somos, pero, de nuevo, debido a las manipulaciones genéticas sufridas y las alteraciones y cambios que se sucedieron en los primeros "modelos" *pre-homo sapiens*, las cosas tomaron otro rumbo y el proceso de dotar al ser humano de una consciencia que no era la consciencia real y original del ser que lo enlazaba y guiaba empezó a crear el "Kit", del "coche fantástico", que no tendría por qué haber existido nunca, pero los caminos de la evolución humana tomaron otros rumbos bastante diferentes a los originariamente planificados, y el resultado es lo que hoy en día somos como especie.

Con estas manipulaciones y cambios a los que hemos hecho referencia, producto de alteraciones por varias razas venidas de allende en nuestra galaxia, conocidas por las culturas de la antigüedad con el nombre de Anunnakis y otros, al ser humano se le dotó de un sistema de gestión de la parte física y terrenal que fuera independiente del control del alma, del espíritu y del Yo Superior. Es decir, se creó un sistema de pilotaje automático y se instaló en la mente y en la esfera de consciencia, creando un vehículo orgánico autoconsciente, pero manipulable, programable y fácilmente dirigible.

¿Qué significa esto? Significa que, actualmente, aquello que llamamos la "personalidad" humana, no es sino un conjunto de programas externos y artificiales insertados en la esfera de consciencia, en forma de múltiples facetas, "yos" y subpersonalidades, que se fueron creando en toda la superficie del torus, y que finalmente terminaron por opacar la consciencia real de nuestro ser o Yo Superior en el centro del mismo, alejándola de toda posibilidad de controlar y gestionar directamente, que no indirectamente, el vehículo físico y su estructura inferior.

Superficie esfera: Personalidad y consciencia artificial

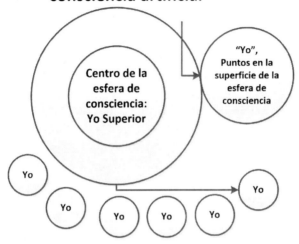

Facetas de la personalidad que mostramos al mundo según el momento y la situación Esto es lo que los demás ven de nosotros y como nos perciben: el "yo valiente", el "yo enfadado", el "yo alegre"….

La consciencia artificial, al ser un producto resultado de procesos de manipulación genética, y desconectada por completo de la consciencia álmica y del Yo Superior, actúa solo como un conjunto de programas que reaccionan según los dictados de los impulsos recibidos por el sistema físico y energético, según las emociones, pensamientos y estímulos externos, y según la programación que le fue insertada. Esto nos tiene que hacer entender que, aquello que ahora está leyendo este libro y tratando de comprender o asimilar estos conceptos, es algo que no es "real", en el sentido de que no proviene de una planificación natural de la Fuente sobre el modelo de lo que sería la raza humana, sino que es producto de haber "opacado" la esfera de consciencia, haber puesto unas capas de energía "mental" en toda su superficie, haber empezado a crear en ella diferentes programas y diferentes subpersonalidades, habernos dotado de un software de gestión de la misma muy potente, y haber instalado el resto de componentes y programas en la psique para que, entonces, el "coche" que poseemos se pudiera conducir solo, en piloto automático, fuera fácilmente manipulable "a distancia", a través de todo tipo de sistemas de manipulación mental y emocional, y aquello que realmente debiera estar a los mandos del mismo quedara relegado a un segundo plano, donde el alma intenta coger las riendas cuando puede, el Yo Superior asiste al alma potenciando su voluntad para ello, y, entre ambos componentes, van tratando de despertar y mostrarle a la personalidad humana y egóica que son un conjunto de rutinas, programas y elementos que no han nacido para estar al mando y trabajar en modo automático, sino que deben ponerse al servicio de los niveles superiores de la estructura que nos forman, pues desde estos sí que se comprenden los procesos y reglas del juego de la vida, sí que se entienden las situaciones que vivimos, sí que se pueden planificar o evitar las deseadas o las no deseadas, sí que se pueden cumplir conscientemente los acuerdos evolutivos con otras almas, etc.

Mientras que la consciencia artificial y la personalidad humana se encuentre fragmentada en múltiples "yo's" o sub-caracteres, bajo control del programa de gestión que denominamos el programa ego y las rutinas de la mente, el ser humano está abocado a ser esclavo de sus reacciones emocionales, de sus patrones de comportamiento y de sus sistemas de creencias, ya que somos incapaces de comprobar con el nivel de consciencia "actual" que nos da la consciencia artificial, si las cosas que nos pasan están acorde a nuestro bien mayor y si forman parte de nuestro camino evolutivo.

El proceso pues, para "despertar" y "avanzar" pasa por la eliminación de esta consciencia artificial, la desprogramación mental y la reconexión con la consciencia de nuestro ser o Yo Superior, algo que es posible, aunque difícil y complejo para la mayoría de la población en estos momentos, pues, para empezar, hemos de aceptar que esto es lo que somos, hemos de ser conscientes de ello, hemos de entender dónde está el sistema de gestión automática de la mente y la personalidad y hemos de ser capaces de hacer valer la voluntad del alma a través de su conexión con la mente y la personalidad para poder controlar los automatismos que ahora mismo nos mantienen en un estado de "sueño inconsciente", de ahí que, todas las enseñanzas que han intentado de alguna manera hacernos llegar este conocimiento, nos intentan decir que hay que "despertar", pues la inconsciencia es como el sueño, y la consciencia como la vigilia.

Y aunque existen también muchos niveles de vigilia, es mejor encontrarse siendo capaz de estar consciente de sí mismo en todo momento en el más básico de ellos que vivir regido por un programa automático en la psique que nos otorga la ilusión de la realidad, sin saber que la verdadera realidad es la que se encuentra al despertarse del sueño. Iremos viendo más al respecto, e intentando que tengamos atisbos, al menos, de ese verdadero estado de consciencia.

6. Cómo interactúa la energía consciente con la energía "material", por qué todo necesita consciencia para evolucionar

Volvamos a retomar el concepto de las tres propiedades que presenta una mónada por la combinación de las tres fuerzas o polaridades que la forman. Hemos dicho que toda mónada presenta el atributo de la consciencia, y ya sabemos cómo funciona el mecanismo de retroalimentación que la genera, hemos dicho que toda mónada posee energía o carga energética y hemos dicho que toda mónada es, o posee, o mejor dicho, es capaz de manifestar "materia". Por lo tanto, energía, consciencia y materia, son, en otro orden o estado, los tres componentes de lo que la realidad que nosotros consideramos el "mundo de los sentidos" está hecho.

Esta afirmación o descripción del mundo no es nueva, nace de la escuela pitagórica que a su vez se nutre, o nutrió, de las antiguas escuelas esotéricas egipcias, que a su vez recibieron todo el conocimiento de la llamada época atlante, estos a su vez de la llamada época lemuriana y anteriormente de todo lo transmitido y enseñado por las razas y grupos que crearon al ser humano durante las diferentes fases de nuestra creación.

Por lo tanto, en los grupos "esotéricos" y ocultistas, en las sociedades y agrupaciones metafísicas, y desde los tiempos más remotos de nuestra historia, todo esto que ahora estamos explicando era parte del conocimiento básico que todos aquellos que formaban estos grupos tenían, y que les ayudaba a comprender el mundo que sus ojos no les podía mostrar. Lo mismo que estamos intentando hacer ahora nosotros adentrándonos en conocimientos cada vez más complejos, y abstractos a veces, o detallados y concretos en otras, pero con el mismo objetivo.

Si todo es energía, materia y consciencia, entonces todo lo que vemos como real está hecho de estos tres atributos y asimismo los poseen. Empezando por la materia, la más fácil para nosotros de comprender, está formada por partículas energéticas en un estado de campo fluido de consciencia que la física cuántica conoce como la dualidad onda-partícula, esto es así porque las mónadas, en su estado inicial de "campo agrupado" a lo largo de la Creación, formando el sustrato que sería el equivalente al "vacío", al éter, al Akasha, que todo lo impregna y donde todo se sustenta, se encuentran en estado entrelazado entre sí, pudiendo formar tanto un conglomerado tipo partícula cuántica como un "fluido energético" espaciado como una onda, y, en todo momento, cambiar de un estado a otro, simplemente por la variación de las direcciones de los vectores que forman cada una de las mónadas, pasando a colapsarse en un estado de partícula sólida, o manteniéndose en un estado de movimiento fluido, como las olas del mar, desplazándose por el entramado de otras mónadas e interactuando con ellas.

Esto facilita que las propiedades expuestas por la física y mecánica cuántica sobre la interacción a distancia, sobre la simultaneidad de la posición de una partícula estudiada en laboratorios que está en dos sitios a la vez, sobre las propiedades descritas por el principio de incertidumbre y sobre el resto de comportamientos extraños a nuestra percepción y a las leyes de la física newtoniana, tengan "fácil" explicación cuando se comprende el mecanismo interno de las mónadas que facilita que todas estén conectadas con todas y transmitiendo toda la información que cada una de ellas contiene al resto simultáneamente, de ahí que, una partícula, aparezca en "dos sitios a la vez", ya que simplemente, son dos partículas cuyas mónadas se han "clonado" en todos sus aspectos simultáneamente y no hay forma de distinguirlas. También permite que una o varias partículas cuánticas se encuentren en estado latente esperando a ser "manifestadas" en otro estado superior que permita una materialización de una realidad o de otra, como por ejemplo, describe el experimento con el famoso gato de Schrödinger, en el que dos realidades simultáneas están teóricamente presentes y solo una de ellas es posible a nuestra percepción en un momento determinado, pero literalmente, las mónadas que forman ambas realidades posibles las mantienen ambas en el estado latente que facilita el concepto de "existencias paralelas" o simultáneas, algo quizás difícil de entender, pero que forma parte del mecanismo de creación de la realidad a varios niveles en el que toman parte trillones de mónadas; o como el principio de incertidumbre de Heisenberg que nos dice que es imposible medir dos cualidades de una partícula a la vez, y que si conoces una, la otra propiedad no puede ser medida, pues no somos capaces de medir la posición de una partícula y el movimiento de la misma simultáneamente, por ejemplo. Y, ¿por qué no podemos hacerlo? Porque la comunicación entre mónadas cuando un experimento de estas características se lleva a cabo se encuentra en estado de actualización constante, es decir, si ahora yo hago un experimento en el que mis formas mentales como científico están co-creando el experimento y quiero medir un parámetro de las partículas cuánticas que estoy estudiando, la información de todo el conjunto de mónadas que forma parte del experimento, y yo incluido, están co-co-creando la realidad de ese momento. Al intentar medir un parámetro con mis instrumentos físicos, que también están hechos de mónadas e incluidos dentro del mismo campo "cuántico" que forma la realidad del experimento, estoy actualizando la información de ese "momento" con los datos que quiero medir en ese nivel de realidad. Al realizarse la actualización de la información sobre, por ejemplo, la posición de la partícula, el resto de parámetros que también se podrían medir quedan en "suspenso", hasta que la intención de medir otro de ellos se activa por las mónadas presentes en las formas mentales del experimentador, y la realidad del experimento "cambia" para poder medir el otro parámetro, borrando y deshaciendo la estructura necesaria para la medición del parámetro anterior, que, entonces, ya no está disponible a los instrumentos y técnicas de medición, perdiendo la posibilidad de conocer simultáneamente ambos.

Pero, si esto es así, ¿por qué no sucede a nivel macro? Es decir, dentro de los niveles superiores del entramado de la realidad, aquellos que están regidos por las leyes de Newton, lejos de los órdenes de magnitud del nivel cuántico, sí que podemos medir dos parámetros o muchos más simultáneamente en cualquier experimento, podemos saber muchos detalles de muchos sistemas mecánicos, fluidos, eléctricos, etc., por lo tanto, "algo falla" a nuestra lógica. La razón por la cual a un nivel superior sí que se puede es simplemente porque el conjunto de mónadas que forman los estratos más "externos" de la realidad humana guardan la información a muchas capas, es decir, hay mónadas formando partículas formando átomos que forman parte de elementos mecánicos o físicos y que podemos estudiar, porque todo lo que estudiamos y experimentemos con ellos, tiene muchos niveles de almacenamiento de información y hay capa sobre capa de estratos de realidad para que el mundo sólido y físico tenga "existencia" a nuestros sentidos.

Pero esto no pasa a nivel cuántico, donde solo hay una "capa", por decirlo así, de mónadas agrupadas en partículas ínfimas, y, por lo tanto, al hacer y deshacer los procesos de almacenamiento de información, de transformación en un tipo de estado u otro, la mónada o la partícula como agrupación de las mismas, pierden la capacidad de poder mantener y "ofrecer" al científico o experimentador los parámetros que este desea medir simultáneamente.

Estas situaciones tan extrañas a nuestros experimentos científicos vienen dadas por el desconocimiento de cómo se reajustan constantemente los tres vectores angulares presentes en las mónadas, que, al fin y al cabo son los componentes básicos de toda estructura en toda la Creación. Cuando los ejes de una mónada se ajustan de una determinada manera, se puede producir más cantidad de energía, más materia o incrementar el aspecto consciencia, pero además se pueden mover los contenidos codificados en esa mónada a otro entramado espacio-temporal dando como resultado que la información que posee el conjunto del campo de mónadas donde estemos experimentando, haga cosas "raras" a nuestra percepción como cambiar de realidad, aparecer en dos sitios a la vez, o interactuar a distancias casi infinitas con otra mónada (o partícula por agrupación de estas), de forma instantánea, el llamado entrelazamiento cuántico.

Como nuestra inteligencia humana es incapaz de percibir el campo y sustrato que nos envuelve, de la misma manera que un pez no percibe el agua, pues el agua es "todo" lo que existe en "todo su mundo" y es el medio natural del pez, este no lo considera en su experiencia como algo externo o algo diferente a la naturaleza de los objetos con los que interactúa. Para nosotros, el sustrato energético que es el "éter" o campo de energía cósmico que impregna todo, tiene todas las propiedades que le permiten ejecutar, de forma simultánea e instantánea, la manifestación de infinitas realidades, situaciones, líneas temporales, eventos, etc., pero nosotros no lo tenemos en cuenta, no lo percibimos. Mira a ver si eres capaz de percibir el campo de energía que hay entre tus ojos y el libro que tienes a pocos centímetros de ti. A nuestra percepción, "ahí" hay aire, y, en todo caso, diríamos hay algún tipo de componente energético, pero realmente, ¿qué es lo que hay en el espacio que separa tu vista de la página del libro que estás leyendo? ¿Está vacío? ¿No está vacío? ¿Qué es el vacío?

Lo que hay entre ti y el libro, entre ti y la pared que tienes más cerca es un enorme campo de energía que no notamos, pero que proporciona el sustrato a que la pared esté ahí presente y tú puedas estar a dos metros de la misma sentado en algún sitio leyendo esto, y tratando de responder a estas preguntas.

Ahora, ¿sabes que en ese mismo espacio en el que estás conviven múltiples realidades superpuestas? Pues es así, ya que el entramado del campo energético donde se sitúa tu casa o el sitio donde te encuentras, no solo forma tu realidad material, sino que, simultáneamente, contiene la existencia de muchas otras, en el mismo espacio, en el mismo tiempo, pero en otra codificación energética. ¿Qué tipo de codificación? Otra donde las mónadas orientan sus ejes de otra manera, cambiando los ángulos que forman entre ellos para tener entonces otras propiedades, y, de esa manera, dos mónadas conviviendo en el mismo espacio infinitesimal, son el sustrato para dos tipos de realidades simultáneas en el mismo lugar donde está tu sofá o tu cocina en este momento. Y para que esto ocurra, entonces tiene que existir al menos dos tipos o más de codificación de los elementos materia, energía y conciencia, para que no se molesten y estorben entre si y puedan coexistir sin solaparse. De hecho, existen múltiples posibles combinaciones de la orientación de los vectores de cada mónada de manera que la reorientación de cada grupo de ellas permite la existencia de múltiples realidades y entramados espacio-temporales a la vez.

Seguimos. ¿Cómo es posible que hagamos experimentos en los que una partícula en un punto del planeta pueda interactuar con otra en la otra punta del mismo, separadas por una distancia de miles de kilómetros "terrestres" tal y como lo demuestra una y otra vez nuestros resultados experimentales físicos? La partícula no se pone a gritar y manda un haz de luz a la otra punta del planeta para decirle a otra partícula que tiene que hacer lo mismo que ella porque, unos señores, en otro orden de magnitud y jerarquía dentro de la Creación, están intentando comprender el mundo cuántico en el que existen. La mónada, simplemente entra en el campo cuántico, envía la petición recibida por la interacción con los instrumentos del experimento a las mónadas que lo componen, con las instrucciones de aquello que se está midiendo, y, aquella mónada, o conjunto de mónadas formando la partícula que está siendo estudiada en otro punto espacial, responde como se espera que responda según las instrucciones que, simultáneamente, se han codificado por las mónadas que forman los procesos mentales de los científicos en el laboratorio para la prueba que se estaba haciendo.

Esto empieza a ser realmente complejo y nos falta mucha base teórica para entenderlo, pero es básicamente correcto a nivel general, es decir, todas las partículas de la Creación están constantemente informadas e interactuando con todas las demás, no importa la distancia "física" en kilómetros o años luz a las que nosotros creamos que las partículas se encuentran situadas, porque para ir de aquí a la otra punta del universo no hay que ir por el espacio de forma lineal, solo hay que moverse desde el interior de la partícula al campo "universal" de consciencia que todas las partículas forman, y emerger inmediatamente en el punto del universo en el que se quiere emerger.

Creo que ahora podemos entender mejor los mecanismos de "tele transporte" de nuestras series de ciencia ficción, como *Star Trek*. Para mover a una persona hacia otro punto del espacio, son sus partículas cuánticas las que se "clonan" a través del entramado espacio-temporal usando el sustrato del "éter" o akasha o energía cósmica que todo lo permea, de manera que, esas partículas cuánticas del otro lado, reciben el contenido de información de aquel que está siendo tele transportado, reconstruyendo así a la persona "entera" a miles de años luz de donde, físicamente, se encontraba antes del cambio. Es decir, las partículas de la persona no son movidas, se envía toda la información sobre la persona en todos sus niveles de existencia a través del campo de información "cósmico", y esa información es recogida por otro grupo de partículas en el destino, de manera que las nuevas partículas reconstruyen a la persona o el objeto exactamente a como estaba en origen, y no hay diferencia alguna, pero las mónadas que formaban a la persona en origen, antes del "tele transporte" ya no son las mismas que las mónadas que forman a las personas en destino, después del salto, sino "nuevas" mónadas recogiendo la información de la estructura que han de construir, en este caso la persona siendo tele transportada hasta el más mínimo detalle a nivel físico, etérico, emocional, mental, álmico, etc., y esa persona no tiene consciencia de que realmente, si tuviéramos que verlo así, no ha sido transportada, sino que ha sido desintegrada, "copiada" y reconstruida en el punto al que tenía que moverse por las necesidades del guion. Películas de ciencia ficción, pero, quien las hace, tiene cierta idea de lo que está contando.

Bien, volvamos de nuevo al tema principal del capítulo, la interacción entre las tres fuerzas o componentes de lo que todo lo que existe está formado: la energía, la materia y la consciencia. Dentro de estos tres atributos, también existe una especie de jerarquía que rige cuál de ellos está en control del resto en el momento en el que es necesario que así sea para una función. Por ejemplo, para el plano físico y sólido que nosotros conocemos como el mundo "material", es necesario que sea el aspecto materia de la mónada el que predomine, siendo la energía el componente que nace de la intensidad del movimiento de los vectores que rotan continuamente sobre sí mismos, y produciendo entonces la fuerza que nosotros llamamos energía, pero, para que esta energía pueda formar parte de una roca, un árbol o una casa, es necesario que se encuentre en un estado de vibración y densidad mucho más "bajo" que si tiene que formar parte de una nube o de un elemental, por lo tanto, en la combinación de los vectores que llevan a la mónada a crear una partícula que puede ser usada en el plano sólido prevalece la orientación que forma "materia" por encima de las otras dos, pues no es necesario que las partículas que han de dar lugar a una casa, o a un elemento del plano sólido, posean un nivel de consciencia alto ni que tengan demasiada energía, ya que son, básicamente, bloques semi inertes que sirven de base para construir otros elementos mayores.

Con este mismo procedimiento, cuando se ha de construir elementos más etéricos o volátiles, las fuerzas jerárquicas que son capaces de hacerlo, toman las energías del sustrato "cósmico", ese "éter", y dan las instrucciones a sus "mónadas", simplemente a través de la intención creadora de sus propios procesos mentales, de formar "algo" que no es tan denso ni tan material como lo es una partícula para formar un ser humano o la montaña de al lado de casa. Y, por lo tanto, se han de combinar los vectores y fuerzas de la mónada para crear una partícula más "etérica". El aspecto consciencia entonces dependerá del uso que se vaya a dar a esa partícula. Si esa partícula va a formar parte del entramado energético de la esfera de consciencia de un ser vivo, entonces su aspecto energía tiene que ser altísimo, y su aspecto consciencia mucho más, pero su aspecto materia tiende a cero pues no es necesario que sea nada "sólido" ni tangible para la función que ha de realizar.

¿Y quién decide que combinación de vectores va a ser usada en cada momento? El logos o ser que rija el plano, planeta, sistema o zona del espacio donde tenga lugar la manifestación de esa experiencia, vida o existencia. Como los aspectos energía, materia y consciencia son intercambiables entre si constantemente, cualquier mónada puede ser reajustada para formar parte de cualquier lugar de la Creación solo cambiando la orientación de los ejes que la forman. Esto ya nos permite dar un paso más en nuestra explicación de este capítulo.

¿Puede la energía entonces interactuar con la materia? ¿Puede la consciencia interactuar con la materia? ¿Puede la consciencia manipular la energía para hacer cambios en la materia?

Sí a todas las preguntas. Una mónada donde su aspecto consciencia es el más alto, puede dar "instrucciones" a otra mónada donde su aspecto energía es el más alto o el aspecto materia tiene preponderancia, y, de esta manera, la consciencia puede alterar la energía y la energía puede alterar la materia.

En este orden jerárquico, para cambiar algo, lo que sea, primero hay que insertar consciencia sobre ello, luego se altera y manipula el aspecto energético de aquello que se quiere alterar, y finalmente el aspecto materia de "eso" queda modificado por subordinación a los dos anteriores.

Con esto, queda más o menos claro algo que vamos a estudiar en el próximo capítulo, que todo lo que nosotros consideramos "sólido" puede ser cambiado o manipulado si se cambia la parte energética del mismo, pero la parte energética solo puede ser alterada si se altera el aspecto consciencia. Así que, llegamos a la última parte de este capítulo, ¿es necesario la consciencia para poder evolucionar?

Es indispensable, porque es el atributo con mayor grado jerárquico dentro de los tres que forman todo lo que existe, y es la consciencia la que determina el estado energético de la forma de vida que está "animando" y, a su vez, el estado energético y vibracional de esa forma de vida determina sus características físicas y materiales.

Por lo tanto, para avanzar, crecer y evolucionar, hay que cambiar a nivel de consciencia, expandirla, trabajarla, potenciarla, lo que a su vez proporciona a todo el entramado humano o de la especie que sea, las herramientas energéticas para producir cambios en la estructura de cuerpos que sostienen esa consciencia, y de ahí, al producir cambios en la estructura energética, siempre se producen cambios en la parte física y sólida, ya que es el último eslabón de la cadena, y aquel que responde en todo momento, en todas las ocasiones y de forma automática, a lo que el aspecto consciencia y el aspecto energía de uno mismo dictan y deciden para cada momento del camino y proceso evolutivo del ser humano.

Como quien rige este camino es el Yo Superior que es pura consciencia, sin aspecto material, y con potencial energético enorme, la consciencia del Yo Superior ordena y planifica el camino evolutivo del alma, que tiene consciencia, pero menos, y energía, pero en menor grado, y sin embargo tiene un componente material mayor que el del Yo Superior. Y el alma, que tiene una consciencia superior a los cuerpos sutiles, a la personalidad y al cuerpo físico, marca el camino de estos, potenciando con su energía el trabajo a realizar, y dejando que el aspecto materia del cuerpo sólido y sus cuerpos básicos inferiores, que tienen menos consciencia y menos potencial energético, sean los receptores de las directrices y órdenes que se han de seguir para poder crecer, evolucionar y avanzar por el camino marcado, incluso para el Yo Superior, por órdenes superiores de la Creación.

7. ¿Por qué se puede "sanar" o desprogramar o hacer cambios en el ser humano solo con la "consciencia"? ¿Qué hay de todas esas energías que nos forman y cómo se trabaja con ellas?

Espero que poco a poco se vaya comprendiendo mejor el entramado de la realidad que sustenta todo lo que nosotros conocemos como el mundo "sólido", incluyendo nuestro cuerpo y sistema energético. Como hemos visto, puesto que toda consciencia puede alterar el aspecto energético de una partícula y toda energía puede alterar y modificar el aspecto materia de la misma, es cada vez más sencillo entender cómo se puede moldear el mundo "físico" si moldeas y cambias el entramado energético que lo sustenta variando la consciencia o tomando consciencia del mismo, y, simplemente con los cambios en este primer orden jerárquico, la consciencia sobre las cosas, poder empezar a ejecutar cambios en la estructura de las cosas, sea para sanar tu cuerpo material, sea para cambiar la realidad en la que existes o creemos existir.

Por este motivo, decenas de técnicas energéticas que tenemos a nuestra disposición en el planeta y que son usadas por muchos seres humanos para hacer sanación o para trabajar en sus sistemas físicos y sutiles tienen un efecto "regular", en el sentido de que, en muchas de ellas, falta el aspecto "consciencia" al no llegar a entender, la persona que ejecuta la sanación o auto sanación, el porqué, el qué, el cómo, y el dónde, al menos, del problema que quiere solucionar, sea una situación conflictiva en el trabajo o sea una emoción atrapada en el hígado. Por muy dispares que estos dos elementos o eventos nos parezcan, su solución, cambio, transmutación y sanación es idéntico, cada cual en su orden de magnitud, pero con los mismos pasos y requerimientos para poder ser solucionado.

Todos sabéis que hace algunos años se puso de moda el libro de "*El Secreto*", en el que nos explicaban de forma general el concepto de la Ley de la Atracción, y de la modificación de la realidad personal modificando la realidad mental. Evidentemente, y dejando de lado el enorme marketing que el libro lleva consigo, y las formas en las que se explicaron para el público este tipo de conocimientos, el sustrato base de estas enseñanzas es correcto (que no su aplicación, pues creo que muchos habréis visto que, por mucho que visualices dos semanas un coche descapotable, este no aparece en la puerta de casa). Bien, este mecanismo que fue distorsionado pero que tiene una base real, trabaja siguiendo los pasos de lo que hemos comentado anteriormente. La visualización de algo, o la proyección de algo, pasa por la consciencia de saber que se quiere proyectar o visualizar, si no eres consciente de ello, no puedes saber qué es lo que deseas "atraer" a tu vida, luego, la consciencia de aquello que se desea proyectar crea las formas mentales con la energía del cuerpo mental de la persona, estas formas mentales son dirigidas al sustrato mental del planeta, y ahí se forman los eventos y realidades mentales que, luego, una vez están cristalizadas y solidificadas en el plano mental, en la realidad que corresponde a la persona que los esté emitiendo, y dependiendo de la fuerza, consistencia y parámetros y características que tenga este escenario mental, cae y se solidifica en el plano etérico, usando el sustrato etérico compuesto por el campo "cuántico" de mónadas etéricas que interpenetra el plano físico y, desde ahí, "cae" otro orden de magnitud inferior hacia el plano físico, y la realidad sólida y tangible muestra entonces el evento o escenario mental que fue creado inicialmente por la personalidad en un acto consciente de proyección de su realidad.

Este mecanismo, explicado en tres párrafos, parece realmente sencillo, y sencillo es, el problema es que no hemos explicado, ni el libro de *El Secreto* explicaba, ni ningún otro referente al concepto de "como crear tu realidad", la cantidad de topes, filtros, inhibidores, distorsionadores y resto de componentes que intervienen en la creación de la realidad tangible a los sentidos y que provoca lo que hemos dicho antes, que en el 90% de las ocasiones, por mucho que visualices y proyectes tus deseos hacia el plano mental, estos no terminan nunca "bajando" y manifestándose en el plano físico.

Veamos un poco más en detalle porqué.

El ser humano es un compendio de muchos cuerpos, capas y componentes energéticos. Ya hemos visto y mencionado algunos de ellos grosso modo y veremos otros en más detalle más adelante. La consciencia del ser humano, ubicada en su esfera de consciencia, en la superficie, y formando la personalidad, es la parte que tiene en estos momentos el control de la realidad de todos nosotros, ya que, como hemos dicho, no estamos "abiertos" a la conexión con la consciencia del ser o Yo Superior que se encuentra en el interior de la esfera de consciencia. Dentro del conjunto de elementos que forman parte de la creación y proyección de la realidad, los más importantes son el cuerpo mental y la glándula pineal, pues el contenido de nuestra realidad se encuentra codificado en nuestro cuerpo mental, en diferentes estratos y niveles, y el proyector de la misma, el "emisor" de los haces de energía que proyectan este contenido es nuestra glándula pineal en su contrapartida etérica y mental.

Dentro de estos mecanismos de proyección y creación de la realidad, en forma de escenarios mentales, formas energéticas y pensamientos, existen filtros y programas en la mente que se ocupan del filtrado, tamizado y gestión de aquello que va a ser proyectado por la persona, ya que, de lo contrario, si una persona proyectara sin más un elefante volando sobre nosotros, y fuera el mecanismo tan sencillo como concentrarse en ello y tener la voluntad de sostener este escenario el tiempo suficiente y con la suficiente potencia para formarlo en el plano mental, hacerlo bajar al plano etérico y juntar las mónadas del plano físico para que se materializara el elefante, entonces las reglas de la realidad común se romperían constantemente, y el mundo en el que vivimos no tendría sentido. Puesto que no es factible que este tipo de manifestación común se pueda llevar a cabo sin algún tipo de salvaguarda y parámetros de protección, todos nosotros poseemos unas reglas imbuidas y programas en nuestra psique que marcan qué es posible y qué no lo es, por la programación estándar que el ser humano recibe al nacer en cuanto encarna en un nuevo avatar, y activa su mente y procesos cognitivos en los primeros segundos de vida.

Por lo tanto, la consciencia y el mecanismo de manipulación energético existe tal y como lo hemos explicado, y está explicado genéricamente en muchos libros, pero es necesario entender lo que se permite y no se permite crear y modificar, y porqué la materia del plano físico que ha de obedecer, y siempre obedece, a la energía y esta obedece siempre a la consciencia, no responde como se pretende cuando aplicamos alguna de las técnicas que hemos mencionado para co-crear la realidad que queremos.

El proceso pasa entonces por desprogramar los filtros y las reglas de la realidad común que poseemos, la realidad consensuada, que quizás no ha sido aceptada voluntariamente por nuestra personalidad ya que, a priori, no hemos tenido nada que ver en la programación que cada uno de nosotros lleva a cuestas desde el primer llanto de nuestra vida. Pero, de alguna manera, estamos todos sujetos a las mismas reglas, porque en los procesos de creación de la raza humana, aquellas razas que decidieron cómo iban a gestionar el sistema de vida en la Tierra ya pusieron las bases para la programación estándar de lo que se iba a imbuir en la psique de todos nosotros, en la estructura energética, esto es, porque cuando el alma entra en el cuerpo, en el "coche" que ha de conducir, ya se encuentra con estas restricciones y parámetros activados de serie, y solo el trabajo interior de la persona, a lo largo de muchos años de su vida, puede llevar a desprogramar, sanar y eliminar todos los elementos restrictivos, los filtros mentales, los topes energéticos de la mente, los elementos y firewalls que poseemos para que podamos hacer esto pero no lo otro, etc.

La lista de todos los elementos bloqueadores y limitantes que poseemos en la mente, en el cuerpo mental y en el resto de partes del sistema energético queda lejos del propósito de este capítulo introductorio, pero los iremos viendo poco a poco a lo largo de toda la serie de libros que la colección *Dinámicas de lo Invisible* pretende mostrar. Lo que sí es importante, es conocer ahora, puesto que la parte de consciencia ya la tenemos más o menos clara, las diferentes "energías" que podemos usar para la manipulación de la materia, ya que, como hemos dicho, se encuentran organizadas en grado jerárquico y una depende siempre de la otra.

Así pues, como repaso, la consciencia del Yo Superior es la que asiste a la consciencia del espíritu y del alma, y la consciencia del alma asiste y coordina la consciencia de los cuerpos sutiles y del cuerpo físico. La esfera de consciencia de la personalidad libera al alma y al espíritu de una gran parte de esta coordinación ya que toma las riendas casi por completo de la gestión del avatar que usamos, desde el cuerpo físico al causal y con un programa de gestión de la personalidad que viene imbuido de serie en nuestras esferas mentales y que solemos denominar el programa ego.

Entonces, si a nivel de consciencia ya tenemos claro cuál es la jerarquía y el orden de "control" y gestión, a nivel de energía más o menos es lo mismo.

Todo ser humano tiene la capacidad de usar diferentes tipos de energía que existen en la Creación, pues las mismas mónadas que forman todo lo que existe, al alterar los grados de separación y orientación de sus vectores angulares, y alterar, incrementar o reducir la velocidad de rotación sobre si mismos pueden incrementar el aspecto energía de la mónada o reducirlo. De esta manera, dentro de todo el universo, volvamos a este espacio "acotado", existen tipos de energías en diversos estados de sutileza, potencia, intensidad, etc.

En orden jerárquico, de nuevo, la primera energía a la que tenemos acceso es la misma energía de la Fuente, del campo cuántico que forma el "éter" o Akasha o sustrato cósmico para todo lo que existe. Es esa misma energía que estaba en el espacio que había entre tus ojos y las páginas de este libro cuando antes hemos dicho de prestar atención al mismo. Es la misma energía que está presente en el campo de "aire" que te rodea, la misma energía que está presente en cada parte del lugar donde te encuentras, la misma energía que está presente en cada objeto, elemento o componente de la estructura de la realidad.

Así, la energía del "vacío", que no es vacío en el sentido en el que lo describe el término, es la energía de las mónadas que se puede manipular con la intención, simplemente con la intención de conectar con la energía del espacio que tienes a tu alrededor puedes hacerlo, y, si sabemos cómo, se le pueden dar instrucciones a la energía de este campo cuántico para que, por ejemplo, nos recargue los cuerpos sutiles, nos ayude a recuperar las fuerzas, nos potencie alguna parte de nuestro sistema físico o energético, etc.

Esta energía, la vamos a llamar "*Muan*", que es digamos, una codificación energética en forma de "nombre" para el campo cuántico de la Fuente y de la Creación. No es un nombre "inventado" como tal, sino, para que se entienda, es una vibración, que corresponde a la vibración "media" de la energía "akasha" o del "éter" que existe en el entorno 3D en el que existimos a nivel físico en el planeta. Puede parecer complicado, pero es solo cuestión de pararse a pensar que tipo de "vibración" tiene la energía del campo que te rodea aunque no la veas, y esa vibración, en el estado normal en el que existimos, tiene unas características que, si tenemos que traducirla en algún tipo de nombre, "Muan" es el apropiado.

Por lo tanto, "Muan" es la energía del entorno, del sustrato "cuántico" en el plano físico del planeta

114

Tierra y es la energía que puede ser accedida con la intención y la consciencia de la personalidad humana. No es la energía más pura de la Fuente, no es la energía más alta en vibración de todos los planos de existencia, pero la energía del campo que impregna la realidad humana en nuestro nivel actual de evolución.

Así, a la energía "Muan" se le pueden pedir cosas como: *"Muan, imbúyete en mi cuerpo físico y recárgalo de energía"*. *"Muan, imbúyete en mi sistema de canales y meridianos y elimina los taponamientos presentes en ellos"*, *"Muan, imbúyete en las partículas que forman mi cuerpo mental y refuérzalas"*, etc.

La energía del campo y sustrato "Muan", y seguiremos usando este nombre porque es universal y todos los seres que existen en la estructura de la Tierra lo aceptan como la energía del plano físico, nos ayuda a recargarnos, nos ayuda a reforzar nuestro sistema energético y nos ayuda a elevar nuestra vibración. Si recordáis en el primer capítulo cuando hemos dicho que íbamos a activar los receptores de energía externa que podemos recoger a través de la cantidad enorme de filamentos e hilos etéricos que poseemos, pues esta es la energía que recogeremos del entorno cuando los tengamos activados y funcionando a pleno rendimiento, una vez se haya completado la petición que hemos dado.

Bien, si "Muan" es la energía que podemos usar desde la consciencia que posemos y la personalidad que tenemos para nuestro propio beneficio y bienestar, el siguiente grado energético que tenemos a nuestra disposición es la energía de nuestro propio ser o Yo Superior. Esta energía, en grado más alto que la vibración que posee "Muan" en el plano físico, viene canalizada por el llamado cordón dorado, a veces también por el cordón de plata, desde nuestro propio ser hacia la parte del sistema físico o sistema energético que hayamos decretado. Por lo tanto, esta misma energía podemos dirigirla hacia donde sea necesario con peticiones parecidas a las que hemos puesto en capítulos anteriores. Así, podemos pedirle a nuestro Yo Superior que recargue nuestros cuerpos sutiles con su energía, que nos refuerce una parte de ellos, que se imbuya en las células del cuerpo físico para mantenerlas vitales y sanas, etc. Es simplemente, otro tipo de vibración, hecha por mónadas con otro tipo de alineación de sus vectores y parámetros, por lo tanto, usar la energía de "Muan" es diferente a usar la energía del ser o Yo Superior, ya que tienen características vibracionales ligeramente distintas.

En general, y personalmente, siempre procuro recomendar el trabajo con el ser o Yo Superior en todo momento y para todo, porque hay una consciencia superior que no está presente en la energía de "Muan" que puede decidir, corregir o asistir a la hora de hacer el trabajo de sanación, recarga o refuerzo energético en la persona. El uso de la energía del campo que nos envuelve es más neutro, en el sentido de que es como coger un flujo de olas del mar y usarlas para lo que necesitamos, por ejemplo, quitarnos la arena que se nos ha pegado en la piel cuando hemos ido a la playa, pero el flujo de olas "Muan" no decide ni analiza donde están los granos de arena, simplemente, nos envuelve la ola, y arrastra consigo aquello que pilla de camino, mientras que usando la energía del ser o del Yo Superior, podemos quitar aquellos granos de arena, bloqueos energéticos o "pegotes negativos" con precisión, porque existe una consciencia superior que puede tomar partido en el proceso de limpieza, recarga o sanación.

A continuación, tras la energía del Yo Superior, el otro componente energético que está disponible para el ser humano es la propia energía del planeta, o del Sol, o ambas, son gradientes de Muan en cierto sentido, pero, de alguna forma poseen más consciencia y más energía que la media del campo "cuántico" que nos rodea en el plano físico. Aquí, el trabajo pasa por la conexión consciente con la Tierra, cuyo ser recibe el nombre de Kumar, o del sol, cuyo ser recibe el nombre de Rawak.

El resto de energía que circula por nuestro sistema energético, el chi o prana, son gradaciones de menor potencia e intensidad que las anteriores, es correcto que este chi o prana como hemos explicado en el primer capítulo es literalmente la energía que nos mantiene vivos, así que proviene del mismo campo "cuántico" que forma "Muan" pero, puesto que parte del prana llega desde el sol y desde emanaciones y energías que vienen desde muchos puntos de nuestra propia galaxia, el campo "akáshico" y "éter" al que le hemos dado el nombre de Muan no es exactamente lo mismo que el conjunto del "prana" o fuerza vital que usamos para nuestra subsistencia, ya que este último término engloba el conjunto de todas las energías que recibimos, captamos y procesamos, vengan de la Tierra, de los alimentos, del sol, del espacio profundo o del aire. Por lo tanto, "prana" o "chi" permanecen como nombres genéricos para el producto energético que nos nutre y nos da el aliento y soporte vital, mientras que la energía del ser o Yo Superior, la energía "Muan" y la energía del planeta y del sol, son simplemente componentes individuales que forman parte también del producto final que llamamos "prana".

Finalmente, para terminar esta introducción a las diferentes energías que podemos usar como parte de los mecanismos de sanación, refuerzo y limpieza energética, hemos de ser conscientes que estas energías no actúan por si solas, no tienen el concepto de libre albedrío e iniciativa como podríamos suponer, aunque sean energías "de la Creación". Esto nos viene a decir que siempre hemos de ser "nosotros", desde la consciencia de la personalidad, desde el alma o desde el Yo Superior, quienes demos las indicaciones y órdenes para que este tipo de energía actué sobre nosotros. Hemos de pedir con la intención que ejecute aquello que queremos que ejecute, hemos de dirigir el flujo energético de la fuente que estemos usando hacia el punto del cuerpo o del sistema energético donde queremos que vaya y hemos de dar las instrucciones sobre lo que queremos que cambien. Si volvéis ahora a revisar las dos peticiones que hemos puesto en los capítulos anteriores, veréis más claramente que es lo que estamos solicitando. Las frases y palabras que forman la petición llevan el aspecto consciencia, son el contenido de aquello que deseamos que se ejecute, y es nuestra consciencia a nivel de la personalidad quien lo está solicitando a la consciencia del Yo Superior. Luego, solicitamos que se ejecute una serie de acciones, sanar, desprogramar, activar, y por eso le pedimos al ser que lo haga desde su energía, con el consiguiente cambio en la materia de los cuerpo sutiles donde se está llevando a cabo esta intervención una vez se haya completado, en este caso en el cuerpo etérico para la primera que hemos puesto y en el conjunto de cuerpos sutiles para la segunda.

8. ¿Qué son los centros de control y cómo influyen en el sistema energético del ser humano?

Si hasta ahora hemos descrito el sistema energético que poseemos en forma de bloques y a modo general, para entender cómo interactúan entre sí los diferentes componentes que nos forman, a continuación, para realmente comprender el funcionamiento de la "máquina humana", hemos de entrar en detalle en partes de esos componentes y ver, como si con una lupa los magnificáramos, que hay en el interior de estos. De manera que, tanto en este capítulo como en los siguientes, entraremos a examinar el funcionamiento concreto de ciertas partes y elementos que forman parte de los cuerpos sutiles que ya conocemos, como el etérico, emocional, mental o causal, y que son indispensables para que todo aquello que se ha de ejecutar en estos, para que funcionemos en el modo más óptimo y adecuado, pueda llevarse a cabo.

Empecemos pues por el concepto de los *"centros de control"*. Para empezar, el nombre por sí solo no nos dice nada, pues "centro de control" sirve para explicar cualquier cosa en cualquier sitio que sirve para gestionar algo, así que hemos de ser más específicos aunque ninguna literatura que se refiere a ellos les da otro nombre, ya que fueron conocidos y principalmente sacados a la luz por el místico ruso-georgiano G. Gurdjieff, y, a partir de sus enseñanzas, todo el mundo, en subsiguientes publicaciones o referencias, usó simplemente el término "centro de control".

La razón es que en la época de Gurdjieff, a pesar de que él, como iniciado que era en escuelas y grupos esotéricos y ocultistas tenia este conocimiento, no se consideraba a la sociedad de entonces preparada lo suficiente para ahondar más allá de lo que se hizo público sobre estos temas, ya que, en todo momento, las fuerzas y jerarquías que tratan de dar al ser humano la información que le corresponde sobre su funcionamiento, origen, constitución, etc., no pueden sacar a la luz más que lo que el nivel del inconsciente colectivo de cada momento histórico es capaz de absorber y comprender, de forma que siempre se ha ido soltando información, en cada época, acorde al estado evolutivo de la humanidad. Así, el conocimiento de los centros de control, que sirve para entender cómo funciona el ser humano a niveles muy profundos, ha sido algo siempre restringido y limitado, que ahora vamos a tratar de ampliar y completar para poder llevar a cabo una desprogramación eficaz de nuestra mente y nuestras estructuras psíquicas.

Entonces, ¿qué son los centros de control? Imaginemos un aeropuerto con su torre central de gestión y coordinación de todos los vuelos que están en marcha, con los despegues y aterrizajes, con la asignación de pistas, de puertas de embarque, de cintas para los equipajes, etc. Imaginemos ahora todos los programas que forman parte del software que gestiona todos esos sistemas, e imaginemos a todos los técnicos que se encuentran en la torre de control para hacer la supervisión de los mismos. Ahora, visualicemos todo y dejemos todo el conjunto de sistemas y pantallas, de ordenadores y programas funcionando en modo automático y saquemos a los personajes humanos del medio. Bien, ahí tenemos un centro de control que funciona solo, completamente automatizado y que es capaz, teóricamente, en esta analogía, de dirigir todo el conjunto de funciones que se han de realizar en el aeropuerto de manera completamente autónoma. Pues, de forma similar, el ser humano tiene 5 centros de control en su estructura, y tres de ellos, por partida doble.

Vamos con el detalle. Todas las funciones que son necesarias para que el sistema físico y energético funcione están codificadas en la mente y en una serie de programas instalados en el interior del sistema de chakras, que son conocidos como los "centros de control". Así, imaginaros que en el interior de todos y cada uno de los chakras primarios, que ahora los veremos uno a uno, existe una batería de programas codificados en las partículas que se encuentran en el interior del chakra, y que, sin molestar a la función transformadora energética y de distribución y captación de la energía vital que el cuerpo necesita, que es lo que principalmente hace un chakra, este tipo de programación rige el 100% de todos los sistemas de respuesta automáticos y de gestión tanto de la parte física como de la parte energética.

Por lo tanto, el nombre de centro de control es muy adecuado y su conocimiento es vital para entender por qué funcionamos como lo hacemos, de qué manera estamos codificados, y qué es lo que hace que cada parte de nosotros vaya como tiene que ir.

Para conocerlos uno a uno, hemos dicho que existen principalmente cinco centros de control: **el instintivo, el motor, el emocional, el intelectual y el centro espiritual**. Gurdjieff hablaba también del centro sexual, pero es una sub-función que está asociada y forma parte del centro instintivo como ahora veremos. Los centros emocionales, intelectuales y espirituales tienen dos partes, o dos componentes, un centro inferior y un centro superior que explicaremos luego.

Centro instintivo

Empezando por el centro instintivo, este centro de control se ocupa del funcionamiento interno del cuerpo físico y todos los procesos orgánicos del mismo se llevan a cabo con su intervención y coordinación. Todos los programas y rutinas de gestión del cuerpo se encuentran ubicados en el interior del segundo chakra a nivel del cuerpo etérico, en conexión con el ADN y los programas de la mente, por lo tanto, contiene en su base de datos toda la programación del funcionamiento de nuestros órganos, así como los procesos químicos que se llevan a cabo en nuestro interior, estando a cargo del centro instintivo el sistema circulatorio, respiratorio, digestivo, nervioso, etc.

Aunque el grueso de la programación del centro instintivo se encuentra en el segundo chakra, también posee algunas rutinas y programas de gestión de la parte "terrenal" en el primer chakra, de manera que hay funciones de gestión del cuerpo físico que están ubicadas en uno y otras en el otro. Esto se hizo así porque la gestión del cuerpo físico es de vital importancia para que podamos tener un vehículo funcional constantemente, y si, por cualquier razón, hubiera algún problema importante en alguno de los dos chakras que contienen la programación de esta parte de la gestión del ser humano, el otro pudiera tomar las riendas en su conjunto. Es una especie de funcionamiento doble y con copias de seguridad. Cuando todo funciona bien, el centro de control instintivo ubicado en el segundo chakra lleva el grueso de las operaciones y una parte pequeña se ejecuta desde el primero, cuando hay algún problema, el chakra que lo tiene delega en el otro todo el control y todo sigue funcionando constantemente y adecuadamente sin que nos demos cuenta.

El centro instintivo comienza a funcionar desde el primer momento de nuestra concepción para dotar al organismo físico de las indicaciones sobre lo que debe ejecutar para el crecimiento del cuerpo físico. Por lo tanto, estas instrucciones que ya posee y que están almacenadas en el chakra, que ya existe en el cuerpo etérico antes del nacimiento, y que ha sido imbuido en el útero de la madre, proporcionan a la memoria genética de las células las instrucciones para el desarrollo del embrión que dará lugar al nuevo vehículo físico. El ADN, que contiene toda la información sobre el crecimiento y las características del nuevo cuerpo, va activando y poniendo en funcionamiento las diferentes fases del desarrollo bajo las órdenes del centro instintivo, que actúa como coordinador de las instrucciones y procesos que, estando presentes en el ADN, han de ponerse en marcha en cada etapa de crecimiento del cuerpo material que poseemos.

Centro sexual

Seguidamente, y dentro de este mismo segundo chakra, se encuentra el centro sexual, pues forma parte del centro instintivo y sus funciones se encuentran codificadas también en este vórtice, siendo su trabajo coordinar y gestionar las funciones reproductoras y sexuales del cuerpo físico.

La energía sexual del ser humano ha sido siempre una de las fuentes de potencial inherentes a nuestra constitución y configuración, debido a que es una energía que tiene su base y sustrato en la energía más elevada que podemos llegar a generar internamente, y que sirve como combustible para la activación y desarrollo de todo el potencial latente e inherente que tenemos, si es bien usada y aprovechada. No hemos hablado de ella en los capítulos anteriores cuando hemos explicado las principales energías que tenemos a nuestra disposición para hacer sanaciones, desprogramar o eliminar algo en nosotros porque no es una energía externa que podamos "insertar" en nosotros como la energía de "Muan", del Sol, de la Tierra o del Yo Superior, sino que es un producto del refinamiento interior en nuestro sistema energético del prana y "chi" vital que recorre nuestra estructura.

Por lo tanto, puesto que su origen se encuentra en el refinamiento del mismo *prana* o *chi* que poseemos y que absorbemos del Sol, alimentos, bebidas, oxígeno, etc., y que los programas y procesos alquímicos del centro sexual alteran, destilan y refinan para dar lugar a este tipo de energía con funciones, vibración y características más elevadas que el resto de energías que recorren nuestro cuerpo, usamos la energía sexual, o tendríamos que usarla, como motor interno de combustión de procesos de activación de nuestras capacidades y potenciales latentes.

Sin embargo, en estos momentos, la energía sexual en el ser humano tiene una capacidad y alcance limitado por el mal uso que se hace de ella, y por las manipulaciones que la sociedad moderna, principalmente, ha sufrido y está sufriendo en torno al sexo y la sexualidad, como arma de control, más que de desarrollo. Esta misma energía, mal usada, es dirigida mediante canales y mediante implantes etéricos hacia puntos de la mente y del cuerpo etérico, para mantener la programación y los dispositivos de control del ser humano en marcha.

Centro motor

El siguiente centro de control importante es el llamado centro "motor", una serie de programas, rutinas y patrones de gestión de la parte del ser humano que se encarga de las acciones automáticas y repetitivas que hacemos todos, como caminar, usar cualquier utensilio, conducir un vehículo, etc. El centro motor se encuentra ubicado en el interior del quinto chakra en el cuerpo etérico, y, al igual que el centro instintivo, tiene rutinas y programación para gestionar diferentes funciones del cuerpo físico que están ubicadas tanto en la parte posterior como anterior del quinto chakra.

Este centro recibe sus instrucciones del centro intelectual, que veremos ahora, por los canales de conexión que existen entre chakras a través del sistema nervioso autónomo y gestionado por el hipotálamo, ya que, cuando queremos aprender a hacer algo, primero pensamos cómo se hace, usando el centro intelectual inferior para que el cerebro y la mente procesen los datos, pero cuando hemos procesado y asimilado cómo se ejecuta una determinada acción de forma automática, este trabajo se transmite y traspasa al centro motor, liberando al centro intelectual inferior de la responsabilidad de estar atento al mismo.

Esto es así porque cuando estamos aprendiendo a conducir, o a manejar cualquier cosa nueva para nosotros, aprendiendo cómo funciona algo, necesitamos tener nuestra mente consciente atenta y en control del proceso, ya que hemos de asimilar el conjunto de pasos e instrucciones que son necesarias para poder llevar a cabo la acción. Así, inicialmente, todos los estímulos externos de aquello que estamos aprendiendo, por ejemplo, las instrucciones que leemos sobre cómo funciona algo o las instrucciones que nos dan sobre cómo se conduce, que entran por los sentidos, son gestionadas por la esfera mental consciente, poniendo atención a ello, y las respuestas mentales y musculares del cuerpo para aprender a hacer "eso" son coordinadas por el centro intelectual inferior. Cuando ya la mente consciente ha conseguido crear los patrones de conducta adecuados para poder repetir la acción, conducir por ejemplo, sin tener que poner tanta atención consciente para ello, entonces pasa la programación necesaria para poder seguir haciéndolo a la mente subconsciente, y el centro intelectual inferior pasa el control del cuerpo al centro motor para que este se encargue a partir de ese momento. De esta manera, podemos liberarnos de un montón de tareas repetitivas y rutinarias que forman parte de nuestras necesidades físicas, como son andar, respirar, conducir, movernos o coger las cosas, sin tener que pensar en cómo las hacemos.

Centro intelectual inferior

El siguiente centro de control es el centro intelectual inferior, que acabamos de mencionar, cuyo conjunto de programas y rutinas se encuentran ubicados en el interior del tercer chakra. Este centro recibe todos los datos que necesita para funcionar de los estímulos e impulsos eléctricos que reciben los sentidos del mundo exterior, de manera que trabaja con ellos para codificar y luego ejecutar las diferentes funciones que tiene asignadas para su gestión. El centro intelectual inferior es el que proporciona al neocórtex, en el cerebro, las instrucciones para activar las diferentes zonas del mismo y las diferentes conexiones sinápticas que han de procesar los diferentes estímulos visuales, olfativos, auditivos, táctiles y gustativos, de esta manera, cada vez que recibimos algo por los sentidos físicos o extra físicos, el centro intelectual inferior envía las órdenes a través del sistema nervioso autónomo al sistema nervioso central y al cerebro, sobre qué conjunto de redes neuronales y que partes de este órgano deben ser activadas para que esas neuronas ejecuten los procesos iniciales de procesamiento de la información. De ahí, se pasa la información a las esferas mentales, y se procesa el resto.

Puesto que todos estos estímulos son captados antes por la parte etérica que por los sentidos físicos, el tercer chakra canaliza hacia sí mismo, y luego envía hacia el sistema nervioso autónomo, la información que todo el campo energético y áurico está absorbiendo y procesando, a la vez que los sentidos físicos captan las ondas electromagnéticas de esos mismos estímulos y las envían al cerebro.

Cuando decimos que tenemos una sensación en el estómago de tal o cual manera, que nos avisa, o que nos habla de usar nuestro instinto, es porque el centro intelectual está percibiendo informaciones externas que están siendo captadas por el aura y procesadas por el centro intelectual inferior de control antes de darle instrucciones al cerebro sobre qué hacer con ellas. Si energéticamente estamos captando una silla "etérica", el centro intelectual activa en el neocórtex las áreas de proceso de la información que el ojo está percibiendo (la energía lumínica que la silla transmite, por ejemplo), para que ponga en marcha los procesos de decodificación en la mente que finalmente nos lleven a comprender que estamos viendo una silla.

Así, el centro intelectual inferior se encarga de todo aquello que nos permite entender y comprender el mundo y la realidad en la que vivimos, ya que es el centro de control que contiene toda la programación que permite a los sentidos reenviar lo captado hacia el cerebro, activar las áreas correspondientes del mismo, y pasar los datos a la mente, para que esta ejecute los procesos de decodificación, y así luego pueda darle sentido a esos impulsos y estímulos que nos hacen comprender que es lo que está siendo percibido.

Centro emocional inferior

El siguiente centro de control se encuentra ubicado en el cuarto chakra compartiendo lugar con el centro espiritual inferior, y se trata del centro emocional inferior. El centro emocional es el encargado de transmitir las instrucciones al sistema límbico para procesar los impulsos y energías que provienen del cuerpo emocional del ser humano, y del campo electromagnético, el aura, en sus capas 2 y 4, que son las relacionadas con los sentimientos y emociones que poseemos. La transmisión, de nuevo, se realiza a través del sistema nervioso autónomo a través del hipotálamo.

Toda energía emocional captada y procesada por nuestro sistema energético es procesada por el centro emocional, que entonces transmite al cerebro cómo debe actuar con ella, generando los químicos necesarios para que el cuerpo físico manifieste esas emociones, así, el centro emocional será el encargado de generar el estado de tristeza a través del sistema límbico ante una acumulación o generación energética de tristeza, y lo mismo para cualquier otra emoción o sentimiento que podamos captar, sentir o generar.

Inicialmente, la gestión emocional del ser humano estaba a cargo de los procesos conscientes que el Yo Superior ejecutaba sobre la estructura energética del vehículo físico que usaba para cada encarnación, antes de las manipulaciones genéticas sufridas por la raza humana. En el momento en el que se introdujo el programa ego, el Yo Superior perdió control directo sobre la personalidad y su sistema energético, pues el ego actúa como un "cortafuegos", de manera que hubo que introducir un sistema de gestión emocional que supliera esta coordinación que hacía antes el ser de cada persona.

De esta manera, se introdujo el sistema límbico conectado al centro emocional inferior, que, inicialmente, en los primeros "modelos" y vida consciente *"pre-homo sapiens"* de nuestro planeta no existía, para que, ocupando el mismo lugar que el centro espiritual inferior, a través del cual el Yo Superior sí que tiene acceso a muchas de las funciones internas del cuerpo físico, pudiera bloquear esta interferencia o conexión con esos otros niveles superiores del ser humano.

Así, la gestión emocional de todo lo que una persona siente y percibe desde su cuerpo emocional y desde las capas 2 y 4 del aura, pasaron a ser gestionadas mediante la programación de los diferentes "yos" y subpersonalidades que tenemos, y mediante la creación y producción de diferentes químicos en el sistema límbico que nos dieran una manera de poder expresar físicamente las energías emocionales que estábamos generando energéticamente, y, entonces, poder adecuar la personalidad que mostramos ante los demás a las características del estado emocional en el que nos encontramos en cada momento.

Centro espiritual inferior

Ubicado también el cuarto chakra, pero a otro nivel de profundidad y con otra programación diferente, el último de los cinco centros principales es el centro espiritual inferior. Este centro está diseñado para hacer de enlace entre los procesos y estímulos provenientes de niveles superiores de consciencia del ser humano, entre ellos, los cuerpos superiores, el Yo Superior, el espíritu, etc., y el cuerpo físico y la personalidad, pero, para la mayoría de seres humanos, es un centro que está mal programado e imbuido con diferentes bloqueos para que no funcione correctamente.

Estos estímulos (pulsos con instrucciones y datos) son enviados por el YS, el espíritu, el alma y los cuerpos superiores (si existen), a través de los diferentes canales presentes en la estructura del ser humano, como son el cordón dorado o línea del Hara, el cordón de plata, la conexión desde el centro de la esfera de consciencia con la superficie de la misma, es decir, la conexión entre la consciencia del Yo Superior con la personalidad, etc.

Desde estos puntos de recepción de las comunicaciones superiores, se llevan los estímulos recibidos hacia el centro espiritual inferior, que entonces tiene a su cargo su procesamiento y posterior coordinación de la codificación de los mismos. Así, por ejemplo, todo lo que llega desde el YS, que posee una conexión en el 9º chakra, situado en el centro de la esfera de consciencia, hasta el tantien inferior o Hara, es recogido por una de las terminaciones del sistema nervioso autónomo que envía el paquete de datos hacia el centro espiritual inferior.

Este, lo que hace como función principal, es coordinar en el cerebro la comunicación con los niveles superiores, activando las partes del neocórtex que facilitan, entre otras cosas, por ejemplo, la canalización, la telepatía, las habilidades mentales superiores, etc., cuyo "software" está ubicado en las esferas mentales, que a su vez dependen de ciertas zonas del cerebro que son activadas cuando es requerido por este centro espiritual bajo el impulso y estímulo del Yo Superior o de alguno de los cuerpos superiores, incluidos el alma y el espíritu.

Sin embargo, como está ubicado en la misma posición que el centro emocional, este centro de control, al no recibir correctamente la programación e instrucciones que necesita desde el YS, al estar bloqueado, mal programado o disfuncional, recurre a los datos que son proporcionados por el centro emocional inferior para poder funcionar, de forma que su activación y responsabilidades de control vienen ya desde el inicio desajustadas, pues las respuestas y estímulos emocionales no son los correctos para activar las funciones de comunicación superiores o las funciones "espirituales" que todos poseemos.

Los centros superiores de control

Una vez vistos los centros principales, hemos dicho que, de los centros anteriores, tres eran dobles: el emocional, el intelectual y el espiritual, teniendo una parte inferior y otra superior, además de un cuarto centro que está directamente relacionado con la conexión con nuestro Yo Superior, pero que no se puede activar desde el lado humano, ya que pertenece exclusivamente al complejo multidimensional del ser que somos, y se encuentra ubicado en el centro de la esfera de consciencia, siendo análogo al punto de conexión que llamamos el noveno chakra, y por donde conectamos con nuestro Yo Superior, directamente, tal y como hemos explicado al ver el funcionamiento de nuestra esfera de consciencia en temas anteriores.

Así, todos los centros superiores menos este cuarto, que suele llamarse el Centro de Consciencia Universal o CCU, pueden activarse y ser utilizados en esta realidad, pero, para ello, la conexión con nuestro Yo Superior tiene que estar activa, al menos esporádicamente, y nosotros hemos de tener un correcto funcionamiento de los cinco primeros centros que ya hemos visto.

Centro Intelectual superior

El centro intelectual superior se encuentra ubicado en el interior del octavo chakra, un vórtice extra físico que se encuentra unos 50cm por encima del séptimo chakra y que hace de punto de conexión también para el cordón dorado o línea del Hara. Este centro intelectual superior trabaja, o ha de trabajar, a pleno rendimiento con el desarrollo del cuerpo intelectual superior o lo que en literatura esotérica se denomina también el *cuerpo átmico*, uno de los cuerpos superiores que el ser humano tiene la capacidad de desarrollar a medida que va evolucionando, pero que pocas personas en el planeta tienen en este momento cristalizado y materializado.

Cuando el centro intelectual superior está funcionando correctamente, su programación permite a la persona ser consciente y comprender que es correcto y que no lo es, es decir, que es verdad y que no lo es, entendiendo la "verdad" como los procesos e informaciones que están alineadas con el arquetipo, en el plano causal, de la energía de la verdad, sin distorsión, manipulación o tergiversación de ese concepto tal y como está registrado en los niveles superiores de la Creación.

Esta comprobación la realiza el Yo Superior de la persona, que a través del centro intelectual superior, recibe los paquetes de datos que han de ser comparados, ejecuta la comparación con el arquetipo y energía de la "*verdad*" y devuelve al centro intelectual superior un código que indica si ese paquete de datos, conocimiento, información, etc., se encuentra alineado o no con este arquetipo.

Esto proporciona discernimiento automático, se impide que cualquier programación, dato, información o contenido que no esté alineado con la verdad se cuele dentro de las estructuras mentales de la persona, pues al detectar que algo no es "correcto", la programación del centro intelectual superior lo desecha automáticamente. Si toda la población humana tuviera activado este centro de control, sería muy difícil, o prácticamente imposible, sufrir cualquiera de los tipos de manipulación y engaños a los que estamos expuestos actualmente constantemente. Los datos de entrada de este centro de control provienen del centro intelectual inferior, que envía todo lo que recibe de los sentidos a su contrapartida "superior" a través del cordón dorado, para que este la filtre antes de devolverla para que pase a los procesos cerebrales y mentales para su análisis.

El centro emocional superior

El siguiente centro de control superior se encuentra ubicado en el interior del sexto chakra, y aunque es un chakra "físico" y que muchas personas tienen activo, su programación interior no lo está, ya que, normalmente, es necesario que el centro emocional inferior esté funcionando y limpio para que el centro emocional superior se pueda poner en marcha.

Así, cuando este centro emocional superior se encuentra trabajando correctamente, las energías emocionales que provienen de fuera son analizadas y filtradas en base al arquetipo causal del "*amor*", es decir, todo aquello que no está alineado con la energía arquetípica del amor es desechado por este centro, una vez nuestro YS ha hecho la comprobación de la misma manera que lo hace con el centro intelectual superior, con lo cual, uno detecta y percibe directamente, a nivel emocional, aquello que no tiene un sustrato y contenido positivo. Este centro además, gestiona la empatía y el poder ponerse en el lugar de una tercera persona, facilitando el entendimiento entre personas que, relacionándose a través del centro emocional superior, pueden sentirse y comprenderse, no solo a nivel de palabras, sino a nivel de energías. Esto, como ya podéis imaginar, reduce la violencia, el enfrentamiento, las discusiones, conflictos, etc., prácticamente a cero, pues eres capaz de notar cómo siente y decodifica la otra persona las cosas y ponerte en su lugar para entender o comprender sus puntos de vista sin que los tuyos se vean menospreciados, infravalorados y comprometidos. La información con la que trabaja este centro superior proviene del centro emocional inferior a través del cordón dorado. Este centro está relacionado con el llamado *cuerpo búdico o cuerpo emocional superior*.

Centro espiritual superior

Finalmente, ubicado en el interior del séptimo chakra, pero no activo, a pesar de que este chakra, igual que el sexto, puede estar funcionando perfectamente en muchas personas, se encuentra el centro espiritual superior. Para que se active este centro, el centro espiritual inferior, ubicado en el cuarto chakra, tiene que estar limpio, funcional y sin bloqueos, lo cual, luego, lleva al desarrollo de este centro de control de forma natural, lo que facilita la gestión, comunicación y conexión con los niveles superiores de la estructura del ser humano, entre otras cosas, la conexión "directa" con el Yo Superior, con el espíritu de la persona y con el alma de la misma, haciendo que la personalidad pueda recibir, más fácilmente, las directrices y guías de las estructuras más elevadas de nosotros mismos. Este centro espiritual superior está también asociado al cuerpo sutil más elevado que posee el ser humano, *el cuerpo espiritual superior*, situado "por encima", vibracionalmente hablando, del cuerpo átmico o intelectual superior.

Al igual que los anteriores, el centro espiritual superior recibe los datos para su funcionamiento y procesamiento del centro espiritual inferior. La diferencia con los centros superiores anteriores, es que el YS se puede comunicar directamente con este centro, imbuyéndole los paquetes que necesita procesar, y esto hace que, desde la programación del centro espiritual superior, se puedan activar áreas en el cerebro, específicamente en el neocórtex, que ponen en marcha funciones y programas en las esferas mentales que facilitan y activan capacidades comunicativas mucho más elevadas en el ser humano, como son la visión remota, que también depende en parte del centro intelectual superior, la telepatía, la xenoglosia a nivel físico y no físico, etc.

Como finalización de este capítulo, es importante destacar que la presencia de estos repositorios y conjunto de programas que tenemos en los chakras solo fue necesaria en el momento en el que al ser humano se le empezaron a realizar ciertas manipulaciones genéticas para convertirlo en el "modelo" que hoy somos a nivel físico y energético, algo de lo que hablaremos en algún otro momento para entender correctamente nuestro origen. Todo este conjunto de programas no deberían estar presentes, pues muchas de las funciones que realizan los centros de control están también disponibles para ser ejecutadas por el alma y por el Yo Superior, pero, como se intentó opacar a la parte más elevada del ser humano para separarla de la parte más "terrenal" y mental, la programación y los sistemas "informático-energéticos" que se hubieron de diseñar para poder llevar a cabo esta suplencia de funciones llevaron a la creación de los centros de control y de todas sus funciones y conexiones asociadas. Esta manipulación se realizó en los primeros estadios de creación de la especie que ahora usamos como avatares para nuestra evolución, pero mucho antes de que existiera nada parecido a un homínido consciente en los primeros compases de nuestra historia, pues somos una especie que posee ADN de muchas otras razas venidas de allende y fueron especies "animales" naturales del planeta, que ya veremos, las que fueron usadas como modelo base para la creación final de los diferentes "homos" que, hasta nuestros días, forman el vehículo que usamos para esta experiencia terrenal.

9. ¿Por qué tenemos chakras, sistema de canales energéticos, punto de anclaje y el resto de componentes "menores" que son necesarios para que funcione todo el sistema físico?

De igual manera que hemos visto la primera introducción a algunos de los componentes "menores" que forman parte de la estructura del ser humano, en este caso los centros de control ubicados en los chakras a nivel etérico, pero trabajando con las esferas mentales y el resto de componentes físicos, etéricos, emocionales y mentales que poseemos, sigamos entrando en detalle en los elementos que hacen que esta "máquina humana" funcione a la perfección.

Como veis, desde el inicio del libro estamos intentando abarcar las ideas que queremos presentar desde lo más genérico a lo más concreto, poco a poco, intentando dar una imagen global de cómo está todo interconectado, qué depende de qué, cómo funcionan las diversas partes entre sí, qué está ubicado dónde y cómo todo el conjunto en global puede funcionar tan maravillosamente sin que tengamos que hacer, una parte de la mente consciente y la personalidad, prácticamente "nada" para ello.

Por lo tanto, si los centros de control son los que permiten la gestión de prácticamente todas las funciones fisiológicas, energéticas, emocionales y mentales, ahora vamos a ver otros componentes que les asisten, y que tienen a su cargo otras funciones y trabajos igual de importantes para que no quede nada al azar en la gestión del cuerpo humano y de su realidad.

Como de los chakras ya hemos hablado, solo volveremos a decir que son muy importantes para el funcionamiento energético del conjunto que somos, ya que, sin ellos, sería casi imposible la transformación energética del prana "universal" y cósmico que alimenta el resto. Por lo tanto, a la pregunta de "¿por qué tenemos chakras?", la respuesta parece obvia, porque, sin ellos, no habría forma de captar y procesar la energía que es importante y vital para que el resto de sistemas funcionen.

¿Ha sido siempre esto así? Es decir, ¿siempre ha sido necesario que las formas de vida conocidas o presentes en la galaxia, por decir algo, tengan chakras? Si, aunque en otros lados les llamen de otra manera o tengan funciones ligeramente diferentes y adaptadas a las necesidades del tipo de vehículo material que exista para otras razas, siempre hay un componente similar al chakra que hace la misma función de absorción, transmutación y ajuste energético para el cuerpo más denso de esa forma de vida, su contrapartida etérica y el resto de sistemas y cuerpos sutiles que se tengan.

¿Por qué entonces hay tradiciones milenarias en el planeta que ni siquiera hablan de ellos? ¿Por qué hay filosofías y enseñanzas ocultistas y metafísicas que los ponen como algo incluso "peligroso" o a no tener en cuenta? Porque son clave para el desarrollo evolutivo y espiritual de toda forma de vida, por lo tanto, hay que suprimir su conocimiento lo máximo posible o distorsionarlo. El hecho de que, por ejemplo, la medicina tradicional china prácticamente no hable de ellos, pero, por el contrario, las enseñanzas ancestrales de la India los incluyan en todos sus escritos, es una muestra de los intentos de distorsionar, enfrentar y causar confusión sobre su papel, valor y funcionamiento. Además, si habéis leído al respecto, en general, solo se habla de los siete chakras "primarios", ubicados en sus contrapartidas físicas a lo largo del cuerpo denso y material, y en pocos lugares se hace referencia al octavo o noveno chakra, que son tan o más importantes, pues sin la correcta alineación de los dos chakras superiores, el cuerpo físico y su desarrollo energético no puede pasar de un cierto nivel de salud, alineación y vibración. Por lo tanto, se hace mucho énfasis en una parte de lo que se da a conocer al ser humano, dándole algo de información, ocultándole otra, se distorsiona lo que se puede entre ellas, o se confunde la misma insertando diferentes enseñanzas en diferentes partes del planeta que incluso lleguen a contradecirse en ciertos aspectos y elementos de sus filosofías o conocimientos. Puesto que este tipo de manipulación ya se dio hace miles de años, es decir, no es algo nuevo de estas últimas décadas, el conocimiento ancestral que nos ha llegado ya ha alcanzado nuestra época histórica con las distorsiones y contradicciones preparadas y colocadas de antemano por las razas en control y las primeras manipulaciones de la humanidad para su mejor gestión y control.

Por lo tanto, y volviendo a los chakras, todo aquello que permita su limpieza, sanación, desbloqueo, alineación y activación al máximo nivel, es beneficioso y acorde al bien mayor de la humanidad, todo aquello que hable de cerrarlos, quitarlos, bloquearlos o no usarlos, está acorde al bien mayor del sistema de control, pues sin energía, y sin energía de calidad procesada y transmutada por estos vórtices, ningún ser vivo puede avanzar, crecer y prosperar, tanto física, como energética como espiritualmente.

Luego, de la misma manera que tenemos chakras, tenemos la necesidad de poseer una red de distribución de la energía que estos procesan y transmutan para que llegue a todos los órganos y rincones del cuerpo. Así, a la pregunta de "¿por qué necesitamos un sistema de canales, meridianos y nadis tan extenso y complejo?" La respuesta es que es la única manera de hacer llegar el prana o chi hacia cada punto del cuerpo físico. Si os dais cuenta, hablamos del cuerpo físico, porque para los cuerpos emocionales, mentales y causales no hay red de canales, y, por lo tanto, ¿cómo les llega el prana o fuerza vital que necesitan? Les llega igual, a través del cordón dorado y del cordón de plata, pero al no tener una estructura tan densa ni tan formada por elementos materiales como son los órganos, huesos, tejidos y demás a nivel físico y etérico, no es necesario que exista una red de canales similar a la red de meridianos para los cuerpos superiores, ya que la red de filamentos energéticos que hemos comentado en el primer capítulo ya permite la recarga energética de estos cuerpos. Es, para que nos entendamos, como un sistema de riego "gota a gota" versus un sistema de riego por manguera a chorro. En los cuerpos físico y etérico es necesario el gota a gota, cada parte del mismo debe recibir directa y constantemente el flujo de energía vital que le permite mantener sus funciones en marcha, mientras que, para los cuerpos superiores, siendo más difusos, energéticos y menos densos, con que los "riegues" genéricamente con prana ya pueden acometer sus labores asignadas.

Huelga decir que, de nuevo, y efectivamente, todas las formas de vida en el universo, del tipo que sean cuando se encuentran en niveles evolutivos parecidos al nuestro, con un cuerpo material y otro etérico como parte de su estructura, tienen un equivalente también al sistema de canales y meridianos por el cual fluye el prana "cósmico" que su sistema de chakras o equivalente recoge y procesa constantemente.

Sigamos ahora con el cuerpo etérico. Otro componente tremendamente importante que impide que nuestra psique se vuelva loca y pierda la noción de la realidad es lo que, en ciertos libros relacionados con el chamanismo, se denomina *"el punto de anclaje"*. Este término es ciertamente explicativo de por sí porque nos hace entender que es algo en nosotros que nos permite mantenernos anclados a algo. ¿Anclados a qué?

Literalmente, a la realidad en la que existimos, ni más ni menos.

¿Qué significa esto? Hemos mencionado en capítulos anteriores que cuando el sistema de mónadas a nivel de toda la Creación permite manifestar diferentes realidades simultáneamente es porque las mónadas son capaces de modificar el eje y dirección de sus vectores y, con ello, conformar el entramado espacio-temporal para lo que nosotros conocemos como realidades paralelas.

¿Qué son las realidades paralelas? Son otras dimensiones, que no vemos, otros conjuntos espaciales y temporales donde existen otras versiones de nosotros mismos, y de todas las formas de vida, y que todos vosotros conoceréis por las series y películas de ciencia ficción. Esta parte es quizás algo más complicada de entender, pero la Tierra, nuestro planeta, así como muchos otros, es un planeta "multi-realidad", si es que este adjetivo nos otorga un poco más de claridad a la explicación. Esto significa que en el mismo espacio que ocupa nuestra esfera planetaria, co-existen diferentes realidades que se solapan entre sí, pero no se interfieren.

Vamos a intentar explicarlo adecuadamente. Si intentáis pensar en las diferentes situaciones que habéis vivido a lo largo de la vida, seguro que en más de una ocasión habréis pensado que si hubierais hecho algo de forma diferente, el resultado hubiera sido distinto, especialmente cuando nos arrepentimos de haber hecho o dejado de hacer algo. Por lo tanto, si hubiéramos tomado otra decisión en aquel momento, la situación de ahora no sería como es, ya que otra cadena de repercusiones se habría puesto en marcha, y estaríamos viviendo o habríamos vivido otra serie de eventos en nuestra vida. Por ejemplo, si hubiéramos aceptado aquel trabajo a mil kilómetros de casa, nuestra línea temporal hubiera cambiado y, ahora, estaríamos en otra situación diferente a la sucedida por haber decidido rechazarlo y quedarnos en donde estábamos.

Bien, si esto se entiende, imaginad lo siguiente. Imaginad que en otro nivel de consciencia, nuestro ser o Yo Superior decide que desea experimentar y aprender de las dos situaciones, por un lado, quiere que su parte encarnada recoja las experiencias que el hecho de haber aceptado el trabajo en otro país te hubiera aportado, pero, por otro lado, no quiere perder todas las vivencias y lecciones que, por el hecho de haberte quedado en tu ciudad, y no haber ido, estás viviendo y recibiendo ahora. Vaya dilema para el Yo Superior, ¿cómo lo hacemos para poder disfrutar y aprender a la vez de dos cosas si solo tenemos una posibilidad para ello, o me voy o me quedo? ¿Verdad?

Pues para bien o para mal, no es correcto, tenemos múltiples posibilidades ya que, debido a la existencia de diferentes realidades en el planeta, que por diseño fue creado como planeta "multi-realidad" y "multi-dimensional", y no todos los planetas lo son, se ofreció la posibilidad de que exista una realidad donde te vas a trabajar a ese otro país y vives todo lo que allá se podría vivir, y se ofrece la posibilidad de que en otra de tus realidades, te quedes en tu ciudad y aprendas todo lo que ahí se puede aprender.

Pero claro, esto es muy complejo de gestionar y de entender. Si es así, ¿yo quién soy? ¿Yo dónde estoy? ¿Qué "yo" es el de verdad, el que está en esta realidad en mi ciudad o el "yo" que tomó la otra elección y ahora está en el otro país? La respuesta es que ambos son igual de reales, ya que, desde la visión del Yo Superior, se trata de dos versiones completas de ti mismo coexistiendo en dos realidades paralelas del entramado físico, etérico y mental del planeta donde existimos.

Así, extrapolando esta explicación a un nivel más abstracto, nuestro planeta es multi-realidad porque se creó para que todas las posibilidades evolutivas que pudieran manifestarse tengan la posibilidad de hacerlo, y, por lo tanto, en el diseño de la estructura de la Tierra se imbuyeron, vamos a decirlo así, los andamios, las vigas, y las paredes necesarias para que múltiples realidades pudieran co-existir sin molestarse. En futuros capítulos de los siguientes volúmenes de esta colección de *Dinámicas de lo Invisible* entraremos en detalle en cómo funciona esta estructura multidimensional, porque hemos de saber que existen no solo una o dos, sino un total de 16 realidades paralelas coexistiendo en el planeta, en las cuales existen 16 versiones de nosotros mismos simultáneamente, todas gestionadas por nuestro Yo Superior. Dejaremos ese tema para más adelante una vez hayamos construido la base teórica que nos ayudará a entender el porqué del número 16 y de cómo interactúan entre sí.

Pues bien, volviendo entonces a los componentes que estamos intentando explicar poco a poco, aquello que evita que nos podamos conectar con una o dos realidades simultáneamente y, por lo tanto, "volvernos locos" por no saber qué está pasando, por percibir estructuras, eventos y situaciones de dos dimensiones paralelas que se solapan e interfieren a nuestra percepción, es un elemento llamado el "punto de anclaje".

Imaginaros una radio, de las que todos tenemos en casa, esta radio es un receptor que tiene una antena capaz de captar emisoras que emiten cada una en una frecuencia y con una potencia, longitud de onda e intensidad diferente. El hecho de que la radio pueda captar una de las emisoras es porque tiene, precisamente, la capacidad de sintonizar, fijar y "aislar" la onda electromagnética de la emisión musical, por ejemplo, y transformarla en una onda sonora que nos permite disfrutar de nuestro programa favorito o canciones preferidas.

Pues nuestro punto de anclaje hace exactamente lo mismo, pero con la frecuencia de la realidad en la que estamos. Es decir, tenemos todos, ubicado en el cuerpo etérico, más o menos a unos 30cm por detrás del omoplato izquierdo, un sintonizador frecuencial, bien protegido y resguardado, que evita que nuestro sistema físico y energético esté sintonizado con la emisora que no le toca, es decir, está bloqueado para solo captar las frecuencias que corresponden a la realidad donde está la versión de ti que está ahora mismo leyendo este libro y teniendo esta existencia.

151

Esto hace que sea imposible, para ninguno de nosotros, "irnos" por error a otra dimensión, a otra realidad, cambiar de "lugar" y aparecer en una dimensión paralela porque si, etc., ya que el punto de anclaje se asegura de mantener la vibración y frecuencia de todas nuestras mónadas, organizadas en partículas, a la frecuencia base de la realidad en la que estamos.

Pero lo mismo pasa para las otras versiones de nosotros mismos, es decir, otro "David" en otra de las realidades del planeta tiene su punto de anclaje sintonizando todas sus partículas a la frecuencia de la realidad base de esa otra dimensión, de manera que, el David de esa otra realidad, una versión mía del que está ahora escribiendo este libro, no puede "aparecer" de la nada en mi realidad encontrándome conmigo mismo o no puede percibir lo que me pasa a mí a la vez que percibe lo que le sucede en su existencia. Este bloqueo está producido por este componente, así que cada sintonizador que cada ser humano posee, evita que se perciba nada que no sea la realidad en la que esta versión ha encarnado. Esto, por un lado es realmente bueno, pues nos impide que se produzcan trastornos mentales o psíquicos por percepción de otras realidades sin conocimiento de las mismas, por otro lado, es realmente una pequeña "prisión" a los sentidos, porque nos impide conocer con más detalle cómo funciona el planeta en el que nos encontramos, cómo funciona el entramado de la existencia, como se gestionan las experiencias y aprendizajes en esta escuela, nos impide comprender el potencial que existe en nosotros, la estructura enormemente compleja necesaria para estas vivencias multidimensionales y todo lo que conlleva que estemos acotados a una sola realidad frecuencial y energética.

Imaginaros si, de repente, sin que nos causara ningún problema, ningún trastorno y ningún miedo, tuviéramos la capacidad de percibir, comunicar, conectar y saber todo lo que nos pasa en las otras realidades y existencias que están llevando a cabo otras versiones de nosotros mismos, y que pudiéramos intercambiar información, consejos, datos, experiencias, entre esas mismas versiones de forma consciente. Imaginad lo rápido que sería nuestra evolución y crecimiento, al ver, entender y compartir todo lo que aprendemos, al ser capaz de ver lo que en una realidad está pasando pero que en la tuya no pasó, y viceversa, y los resultados de ello.

Esto, que a nivel de mente consciente y de personalidad no podemos ni siquiera soñar que llegue a producirse, sí que se produce constantemente a nivel de Yo Superior, de manera que, nuestro ser, está recibiendo la información constante de las 16 versiones de nosotros mismos que poseen una estructura completa desde el alma hasta el cuerpo físico, coordinadas por lo que podríamos llamar una "supra alma" que no deja de ser un campo de energía que conecta las 16 versiones del alma individual para cada una de las 16 versiones que poseemos, y transmite y equilibra estas 16 realidades constantemente para que, a nivel subconsciente, todos tengamos la información de todos aunque seamos incapaces de darnos cuenta de ello, aprovecharla conscientemente y hacer un uso adecuado de lo que nos está llegando constantemente de otras versiones de nosotros mismos.

Así, este mecanismo de equilibrio y retroalimentación se pone en marcha principalmente por la noche, cuando el cuerpo físico y etérico se echan a descansar, y el Yo Superior inicia los procesos de retroalimentación de todas las realidades con todas las demás, insertando en el cuerpo mental, a nivel subconsciente, los aprendizajes, conocimientos y lecciones que han sido trabajadas en una de tus versiones para que las otras también lo posean. Y eso repercute en la personalidad en ese tipo de sueños en los que, por ejemplo, has soñado contigo mismo en otra situación, en otro evento en el que no has estado, que no tiene nada que ver con tu realidad actual y te resulta extraño, pero, sin embargo, sabes que en el sueño eras tú mismo y que estabas viviendo lo que recuerdas haber vivido, por lo tanto, era una conexión creada por el YS para traspasar algo de una de la realidades a la otra, e insertar en ambos cuerpos mentales a nivel subconsciente lo que se está aprendiendo y trabajando en ambas. Esto hace que, también y por supuesto, a veces te levantes por la mañana con la sensación de que sabes, comprendes o has aprendido algo por la noche. Son esas situaciones que decimos cosas del tipo: *"no sé porque, pero ahora tengo claro tal cosa después de haber dormido"*. No es que siempre sea por una conexión con otra versión de nosotros, pero, en muchos casos, el traspaso de información y conocimiento de una a otra versión de uno mismo nos permite levantarnos por la mañana con la impresión de que, por la noche, algo ha pasado que nos ha conectado, hecho vivir o trabajar, algo que no terminas de comprender como ha sido, pero tienes claro que ha sido real y te ha dado algún tipo de comprensión, idea o información que necesitabas.

Así, gracias a la función del punto de anclaje, ninguno de nosotros corremos peligro mental, si todo va bien, porque también hay que decir que nuestros hospitales psiquiátricos están llenos, en muchos casos, de personas que poseen trastornos que la ciencia no puede explicar porque, por razones energéticas, más allá de la simple disfunción física aceptada por la medicina, hay seres humanos conectados, percibiendo, saltando y viviendo en más de una realidad a la vez, algo que va en contra de su programación, de su capacidad de entendimiento, de las facultades de análisis y comprensión de lo que está pasando, y, por lo tanto, se les ha de internar sin que, en la mayoría de los casos, seamos realmente conscientes de cuál es el problema, que viene a ser, a veces, una disfunción mental y etérica, tanto en la conexión del punto de anclaje con la realidad que le toca vivir a la persona en este momento, como con los procesos de decodificación "multidimensionales" que poseemos en la mente para que, por la noche, se puedan producir los procesos de retroalimentación e intercambio de información entre ellas.

¿Se puede saltar de una realidad dentro de la estructura planetaria a otra de alguna manera y sin peligro? Se puede, pero hay que tener el conocimiento y la habilidad para hacerlo, habiendo diferentes formas para ello. La primera, la natural, es mediante los sueños, como hemos dicho, donde no se corre ningún peligro. Luego, existe la posibilidad de hacerlo mediante los llamados viajes astrales o proyecciones de consciencia, donde, en muchos casos, asistidos por los que llamamos nuestros guías o protectores espirituales podemos explorar esas otras realidades y versiones de nosotros mismos. Luego existen técnicas "chamánicas", por falta de mejor nombre, donde algunas personas han aprendido a manipular el punto de anclaje, cambiando la sintonización y la frecuencia que "captan" y, de esta manera, moviéndote a la frecuencia "base" de la realidad a la que quieres ir, puedes desplazarte entre realidades con conocimiento de causa y de forma consciente. Evidentemente hay cuatro personas contadas en el planeta, es decir, muy pocas, que tengan esta habilidad, pero existe y en algunos rincones ancestrales en algunas partes del planeta se mantiene vivo el conocimiento de cómo manipular este punto de anclaje para ello.

La última manera de conseguirlo es mediante la tecnología, algo que no está al alcance del ser humano "medio" pero sí que está al alcance de las diferentes razas que rigen el sistema de vida en nuestro planeta y, por extensión, algunos de los miembros de los círculos de poder, las mal llamadas "élites" que tiene acceso a esta misma tecnología. Esto hace que, aquellos en los círculos más internos del sistema de gestión planetaria, tengan acceso mediante tecnología muy avanzada a elementos conocidos como "portales dimensionales", de los que creo que habréis oído hablar y habréis visto en decenas de películas y series de ficción. Este tipo de tecnología no es "humana", en el sentido de que ha sido desarrollada por razas como los que llamamos Anunnakis (ellos a ellos mismos se llaman "A*simoss*") o los que llamamos Dracos (autodenominados entre sí "A*moss*", pues la constelación de su origen que nosotros llamamos "Alfa Draconis", ellos la denominan "Amiris"), ya que poseen conocimientos en estos temas que van cientos o miles de años por delante del conocimiento que tenemos en la Tierra. Con la experiencia del trabajo en sus planetas base, también en algunos casos siendo planetas multi-realidad, son capaces de comprender y realizar los mismos movimientos de traspaso y gestión de la realidad planetaria en la Tierra, las 16 que existen, y, por lo tanto, hay quien, en la "élite" dentro de la "élite" tiene acceso a aparatos y elementos que permiten quebrar las membranas que separan las diferentes estructuras espacio-temporales de cada una de estas realidades y moverse libremente entre ellas, sin peligro de que las paradojas de encontrarte a otra versión de ti mismo supongan ningún problema, pues hay maneras de que, incluso si ves o interactúas con otra de las versiones que forman todo lo que somos en el conjunto de todas las vidas paralelas que tenemos, no suponga ningún tipo de "cortocircuito" energético en ningún sitio, y no sea más cómodo o incomodo que hablar contigo mismo delante del espejo o con una persona cara a cara sabiendo conscientemente que es otra versión de ti.

Para aquellos que queráis explorar algo más este tema, os recomendamos el estudio de la literatura publicada sobre el Experimento Filadelfia, también llamado el Proyecto Arcoíris, del cual hay varios libros y alguna película, que, aunque distorsionando la realidad de los hechos y las situaciones que realmente sucedieron, son una buena introducción al concepto de portales y traspaso entre realidades, pues todo el conocimiento "humano" sobre este tema empezó con este experimento en el año 1943 y siguió, y sigue, hasta nuestros días, con tecnología y avances cada vez más importantes que, si bien serian de enorme utilidad a la especie humana para comprender como funciona la realidad, el entramado de la Tierra y las leyes del espacio y del tiempo, ahora mismo solo hay contadas personas que se benefician de ello y lo hacen justo con la intención contraria al bien mayor de la población, es decir, con la intención de monitorización, control y vigilancia de la misma.

10. Cómo se destilan los procesos energéticos en el ser humano, cómo se sube o baja la vibración y fuerza vital de una persona dependiendo de las energías que circulan por ella

Todos hemos oído hablar del concepto de la vibración que poseemos, en el sentido de que podemos decir, con total naturalidad, cosas como *"hoy te veo con energía alta"*, *"hoy te noto más radiante"*, *"hoy parece que tienes más luz"*. Este tipo de apreciación que nuestros sentidos extra físicos nos proporcionan sobre otras personas, y que luego se traspasan a la personalidad en forma de "sensación" sobre el estado energético de quien tenemos delante, es un mecanismo natural de captación e interpretación de un concepto muy importante y básico: nuestra propia frecuencia de resonancia y de vibración.

Igual que todo sistema que posea un cierto tipo de movimiento en sus partículas, es decir, que sus partículas "vibren" a un determinado ritmo, tiene una frecuencia base de resonancia, el ser humano también la tiene. De hecho, nuestro planeta tiene una frecuencia de resonancia "base" de todas sus partículas, que se mide y se conoce como la frecuencia de resonancia de Schumann, y que, en muchas partes del mundo se analiza, monitoriza y observa a partir de diferentes sistemas de envío y recepción de ondas desde la superficie de la Tierra hacia la ionosfera. Esta resonancia base de nuestro planeta ha sido siempre de 7,8Hz, al menos desde que el ser humano tiene la capacidad de medirla y registrarla, y, en las últimas décadas, ha sido aumentando poco a poco y en estos momentos se encuentra en torno a los 12Hz de media por todo el planeta, habiendo lugares dentro de nuestra esfera planetaria que poseen una vibración más alta, y otros que aún están en torno a los 8 o 9Hz, con una frecuencia mucho más baja. La razón por la que diferentes lugares de la Tierra poseen diferente vibración base está relacionado con el tipo de energía que hay en la zona, con la negatividad y densidad de la misma, con las actividades humanas que se llevan a cabo en el lugar y con la "limpieza" o estado energético de las diferentes capas que forman el entramado del plano físico en ese espacio. Puesto que hay lugares donde, por ejemplo, no vive nadie, como los polos norte y sur, la vibración de esa zona del planeta es mucho más alta que, por ejemplo, en una gran urbe, o en un lugar donde hay algún tipo de conflicto bélico. Por lo tanto, cuando tratamos de medir y comprender a que frecuencia está vibrando nuestro planeta, depende siempre de la zona en la que lo estamos midiendo y del campo energético, y su estado, que se encuentra en esa zona.

Aunque la Tierra energéticamente hablando presenta un entramado de frecuencias en muchos rango y longitudes de onda, y en cada uno de los planos y estructuras que la forman tiene diferentes frecuencias de resonancia, la que al ser humano le afecta más directamente es la mencionada frecuencia de resonancia de Schumann, como la llamamos, pues es la vibración base que afecta a nuestras propias células y que marca la vibración más baja que el cuerpo denso y material va a poseer como medida "energética" para su funcionamiento.

Por lo tanto, una persona que viva en una zona del planeta donde las "moléculas" del planeta vibran a 12Hz como vibración mínima, tendrá por defecto una frecuencia de resonancia mucho más alta que una persona que viva en una zona donde la frecuencia sea de 9Hz, y aunque tres hercios no parezca mucho en este ejemplo, son todo un mundo a la hora de manifestar y existir en un tipo de realidad u otra, o de tener un tipo de vida u otra, y de que nos sucedan una serie de cosas u otras.

¿Por qué está relacionado el tipo de vida que llevo con la vibración que poseo? Porque, literalmente, "tu mundo" no son más que ondas electromagnéticas, proyecciones holocuánticas, un entramado energético que, a tus sentidos, aparenta ser un mundo sólido y tangible, pero que no está hecho más que por patrones numéricos y geométricos, líneas de energía y campos de fuerza entrelazados entre sí. Como este tipo de ondas que forman las estructuras que dan lugar a la realidad están construidas por trillones de mónadas y cada mónada tiene una frecuencia base, que es idéntica a la frecuencia base de la zona donde se haya ubicada, esa persona resonará y se alineará con la parte de la realidad que concuerde con su vibración y frecuencia de resonancia, por lo tanto, a mayor vibración personal, mayor alineación con los eventos y entramado de la realidad común más "elevados", lo cual es lo mismo que decir más positivos, mientras que, a menor vibración personal, más alineación con eventos presentes en la realidad común más densos y, por lo tanto, negativos.

Esto no quiere decir que nos tengamos que ir a vivir todos al polo norte para que podamos entrar, con el tiempo, en una frecuencia de resonancia base más alta que la de una gran ciudad, porque las experiencias evolutivas y la realidad del polo norte no es una realidad apropiada para casi ningún ser humano como base "experiencial", pero sí que quiere decir que hemos de ser conscientes de la importancia de mantener nuestra propia frecuencia personal lo más alta posible, en todo momento, incluso a pesar del entorno, para que, casi "por arte de magia", aunque de magia no tenga nada, el mundo que veamos ante nuestros ojos y nuestro día a día sea lo más "positivo" y elevado posible.

Entraremos más adelante, en los siguientes libros de esta colección, en los procesos detallados de proyección de la realidad personal y común y de la emisión de las ondas que la constituyen, así como en el entramado energético que nos permite sintonizar con las líneas temporales y subniveles de realidad más elevados presentes en el planeta, pero antes de ello, es necesario completar nuestra introducción básica al concepto de la frecuencia de vibración personal.

¿Cómo se puede medir la frecuencia de vibración de una persona? No tenemos ningún aparato para ello que nos permita hacerlo fácilmente, así que hemos de recurrir a consultarlo con nuestro Yo Superior que sí que nos puede dar esa información para nuestro conocimiento y orientación. Pero, además de pedir un "número" que nos diga que estamos a 10Hz o a 11Hz, lo que hemos de comprender es qué hace que podamos estar muy altos o muy bajos en frecuencia, vibración y energía, algo que tampoco será nuevo para muchos de vosotros, pues estaréis familiarizados con estos conceptos.

Entonces, ¿qué marca la frecuencia de resonancia con la que me despierto cada mañana? La marca la media de la frecuencia a la que vibra el conjunto de todas tus células, y realmente se usa el nivel de detalle de la célula para ello, porque es la unidad mínima que, poseyendo una cierta consciencia, puede alterar a casi voluntad su propia frecuencia de vibración obedeciendo órdenes de la mente, del alma o del Yo Superior.

Así, en general, la célula, si no hay ninguna influencia externa o de alguna otra parte del ser humano que se lo impida, se sintoniza con la frecuencia base de resonancia del lugar donde se encuentra la persona en ese momento. De esta manera, la frecuencia de donde vivas, que tendrá un cierto tipo de vibración base, será tu referencia diaria para saber cuál es la vibración "estándar" que posees por defecto. Es muy difícil también saber cuál es la frecuencia base de un lugar concreto porque no hay mediciones o tablas normalmente publicadas para ello, así que simplemente haz algunas observaciones sobre tu entorno y piensa que, si vives en una ciudad, con un entorno atmosférico medianamente contaminado, con una vida laboral medianamente estresante y cansada, y con un estilo de vida medianamente sedentario, como una gran parte de la población del planeta, tu frecuencia de vibración está en torno a los 8,5Hz o 9Hz en un buen día.

Si tenemos en cuenta, aunque hablaremos de ello en algún otro momento, que el siguiente nivel evolutivo al que la raza humana está en camino de pasar, se encuentra en una frecuencia base de 15,6Hz en la más baja de sus expresiones, esto ya nos da una idea del enorme trabajo que tenemos por delante para que, en el peor de los casos, en la peor de las situaciones, estemos vibrando casi 6Hz más de lo que estamos vibrando ahora en nuestro día a día. Ya iremos trabajando este tema en detalle en futuros temas.

Por lo tanto, si nos levantamos por la mañana vibrando a poco menos de 9Hz, ¿cómo fluctúa esa vibración a lo largo del día? En general, dependiendo de cómo sea nuestra agenda y jornada particular, la vibración no sube demasiado, aunque puede bajar, ya que, especialmente por las energías que hemos denominado "nitrógeno" en capítulos anteriores, usando la terminología de Gurdjieff, todos nosotros nos vemos completamente inundados de campos electromagnéticos, ondas de radiofrecuencia, campos wi-fi, emisiones de móviles, torres de alta tensión, generadores de alta frecuencia, transformadores eléctricos y todo tipo de campos y entornos electromagnéticos muy perjudiciales para el sistema energético. Por lo tanto, a pesar de habernos despertado en más o menos un estado aceptable de vibración para lo que estamos acostumbrados, a lo largo del día con la interacción con todas estas fuentes de interferencia energética, solemos bajar a veces por debajo de 7Hz, contando luego con las variaciones producidas por el estrés laboral, discusiones, atascos y problemas en el tráfico, la influencia subliminal de las noticias y lo que sucede en el planeta que solemos ver a la hora de comer, la mala calidad, en general de la comida (a nivel de contenido de prana o chi), etc.

Este tipo de sistema de vida ha sido creado premeditadamente por los miembros de aquellos que se encuentran en los círculos del poder en el sistema de gestión del planeta, pues recordad que hemos hecho mucho hincapié en la necesidad de poseer un enorme nivel energético para poder avanzar, crecer, evolucionar y, sobretodo, activar todo nuestro potencial latente y capacidades presentes en nosotros, pero "dormidas" e inhibidas. Por lo tanto, ya desde mucho antes de la revolución industrial que cambió la forma en la que los seres humanos interactuamos con la tecnología y aquello que nos hace la vida más fácil y útil, se prepararon los medios y sistemas de vida, se diseñó la manera en la que las personas iban a convivir entre ellas, entre ellas y su entorno, entre su entorno y la tecnología de la que iban a disponer, etc., para que todo su campo energético, estado de salud y nivel de vibración fuera y estuviera siempre en el nivel más bajo

165

posible, la mayor parte del tiempo posible, y afectando al mayor número de personas posibles en todo el mundo.

Evidentemente, huelga decir que este sistema y estilo de vida prevalece en prácticamente todos los países del planeta, con mayor o menor implantación, y que sigue siendo el mayor inconveniente para que el ser humano pueda, si acaso, elevar algo su estado vibracional particular en su día a día, sin hacer nada conscientemente por ello.

Puesto que, precisamente consciencia es lo que más falta sobre este y otros muchos temas, la mayoría de personas no saldrán nunca de un nivel energético y vibracional demasiado bajo para permitirles moverse a otros niveles de realidad presentes en el planeta, pero inalcanzables por debajo de los 11h o 12Hz, que es por donde circulan, para que nos entendamos, las "corrientes energéticas" que soportan los entramados de la realidad más positiva y elevada que co-existen con aquellos entramados de realidad más densos y negativos, sin estorbarse, sin molestarse, diferentes sucesos, eventos y situaciones a diferentes frecuencias y sucediéndoles a diferentes personas, que pueden estar a dos metros una de otra puntualmente, y aun así vivir cada una de ellas en un mundo completamente distinto.

Evidentemente esta información y este tipo de forma de entender la vida queda aún lejos del conocimiento base que la mayoría de seres humanos poseen, de manera que la rutina establecida para los estilos de vida occidentales, principalmente, porque el estilo de vida "occidental" hoy se encuentra implementado desde la Patagonia hasta Tokio, es lo que ha sido exportado como el modo de vida más "adecuado" y deseado por la mayoría de personas.

¿Podemos hacer algo para remediar esta situación y elevar y mantener nuestra frecuencia de vibración lo más elevada posible a pesar de vivir donde vivo o trabajar donde trabajo? Si, podemos hacer mucho, y de eso es lo que vamos a tratar en este capítulo.

Hemos dicho, y lo recordamos, que la energía que nos nutre viene de diferentes fuentes que recibieron el nombre genérico de *"Carbono"* para aquel prana que obtenemos de alimentos y bebidas, el nombre de *Oxígeno* para el prana que obtenemos del aire que respiramos, y el nombre de *Nitrógeno* para el prana que obtenemos de las energías del entorno, incluyendo todas las que hemos visto en el primer capítulo relacionadas con la Tierra, el Sol, incluso más adelante cuando hemos hablado de trabajar con Muan, con la energía de nuestro Yo Superior, etc. Así que, como veis, no nos faltan fuentes de energía, la cuestión es saber usarlas y aprender a intensificar su cantidad para que fluya y circule, y se acumule en nuestros tantiens, que ahora veremos, mucha más cantidad.

¿Cómo hacemos esto? Si habéis completado la petición del capítulo del libro donde hemos explicado cómo poner en marcha los mecanismos de absorción del prana del entorno, entonces ya, de forma automática, estáis recogiendo mucha más fuerza vital de la que hace unos días estabais captando por vuestros sistemas de recepción y transmutación energética, que hemos visto que son los chakras.

Si luego, conscientemente os vais siempre que sea posible a la montaña a respirar aire algo más puro, y conseguís mejorar la alimentación en términos energéticos, también estaréis mejorando un poco la cantidad de chi que circula por vuestro organismo, pero esto, aunque sea una pequeña mejora, no nos basta para todo lo que necesitamos activar y poner en marcha en nosotros, así que lo que vamos a hacer es empezar a enchufar nuestras "baterías internas" a la misma energía de la Fuente, a Muan, para que las recargue automáticamente, y, de ahí, entonces que fluya directamente hacia el sistema de canales.

¿Qué son estas baterías internas? Son conocidas como los "tantiens", "hornos" o "calderos" en diferentes tradiciones y enseñanzas. En pocas palabras, son tres enormes acumuladores energéticos que todo ser humano posee en su estructura físico-etérica, tal y como lo poseen también animales y plantas, y que actúan como lo que hemos comentado, baterías y repositorios de energía para almacenar todo ese chi y prana que nos es necesario para nuestro buen funcionamiento. El problema, es que son los chakras los encargados de llenar estos tantiens, y los chakras dependen de la energía que se recoge del exterior, o de la que se procesa por los alimentos y del aire que respiramos, por otros procesos internos, así que, en general, los tantiens están siempre al mínimo de su capacidad de almacenamiento. Como esto no es adecuado ni de lejos para poder llevar a cabo la activación de todos los mecanismos que queremos poner en marcha, usaremos la conexión con Muan, con la energía del entorno, de la Fuente, en nuestro plano físico, el sustrato de "éter" que todo lo impregna, para recargar nuestros tantiens constantemente y continuamente.

¿Por qué no se hace esto de serie y por defecto? Es decir, ¿por qué el cuerpo humano no recoge ya esta energía y la almacena directamente en el tantien que toque sin que nosotros propongamos hacer estos "trucos" para poder activar algo que nos pertenece por naturaleza y derecho? Porque estas funciones, precisamente, de recolectar energía directa y automáticamente del campo "cuántico" que nutre y existe por doquier, las tenemos, pero apagadas, inhibidas, bloqueadas, por las mismas razas que crearon el cuerpo físico que ahora conducimos y que procuraron apagar muchas de las funciones que hoy en día nos dotarían de un poder y potencial enorme y que pondría en peligro, si se activara para todos los seres humanos, el sistema de control y de gestión que se tiene sobre nosotros.

Por lo tanto, al final del capítulo pondremos de nuevo la petición para activar esta capacidad, y veamos su funcionamiento que es muy sencillo. Vamos con la explicación.

Los tantiens, para que los podáis visualizar, son como tres "bolas" energéticas situadas, la primera, en la región del sacro, un poco por debajo del ombligo si lo miramos por delante, pero hacia el interior del cuerpo, con lo cual, aunque a veces pareciera que se encuentra a la altura más o menos del segundo chakra, no es el chakra y no comparte ubicación con el mismo. La "bola" energética que es el tantien inferior, también llamado Hara, es de un tamaño aproximado de una pelota pequeña de futbol, así que imaginaros la capacidad de almacenamiento que posee. Por estar en su propia frecuencia y entramado energético entre el cuerpo físico y el etérico, no es un componente que moleste o interfiera energéticamente con ninguna función o sistema, a pesar de su tamaño general.

Este Hara, o tantien inferior, recibe la energía base para el funcionamiento del ser humano en la concepción del mismo. Cuando el óvulo es fecundado por el espermatozoide, se produce la primera descarga energética desde los padres al futuro "cuerpo" del bebé, de manera que su tantien, su Hara, nace de serie con una carga energética heredada de los padres que será la que se use para iniciar y activar los procesos de crecimiento del cuerpo a través de las instrucciones codificadas en el ADN, y bajo la coordinación del centro instintivo que ya hemos visto. Esta energía, la primaria que se almacena en el Hara, recibe el nombre de energía JING, aunque no deja de ser un tipo de prana más "denso" y "potente" para facilitar el buen funcionamiento del cuerpo, y la medicina china habla del "JING de antes del cielo", JING pre-natal, es decir, de la energía que ha sido recibida a través de los padres, antes de que el alma encarnara en ese cuerpo, y del

JING de "después del cielo", el JING post-natal, que es el JING que se almacena en el tantien inferior, a través de los riñones, resultado de la destilación de la energía chi que obtenemos de lo que comemos y bebemos.

El segundo tantien o repositorio de energía es el tantien medio, ubicado a la altura del centro del pecho y hacia el interior del cuerpo, compartiendo más o menos ubicación con el cuarto chakra, pero sin ser este y sin interferir en nada con él. Es un poco más pequeño que el Hara, así que podríamos visualizarlo como una pelota de tenis, pero eso no quita que tenga una capacidad de almacenamiento enorme que no es aprovechada de ninguna de las maneras por ninguno de nosotros. En el tantien medio se almacena directamente el chi o prana que obtenemos del aire que respiramos, así como una parte de las energías externas que podemos recibir del sol, por ejemplo, o de parte de los campos energéticos que nos rodean. Este chi o prana es el que se usa para funciones defensivas, siendo un tipo de "fuerza vital" que dota al sistema inmune del ser humano de la fortaleza para poder hacer frente a los diferentes tipos de patógenos y distorsiones físicas y energéticas a los que continuamente estamos sometidos, y que nos llevan a enfermar en muchos casos.

Finalmente, el tercer y último repositorio principal, pues tenemos algunos secundarios menores aunque también importantes, es el llamado tantien superior, ubicado en el centro de la cabeza, en la última capa del cuerpo físico interactuando con el cuerpo etérico, y tiene un tamaño menor que los otros tantiens que hemos visto, siendo algo así como una nuez su grosor. La razón por la que cada vez son más pequeños, es debido a su funcionamiento y a que aquello que depende de la energía de cada uno de los tantiens cada vez es menor. Es decir, así como el buen funcionamiento de prácticamente todo el organismo físico y etérico depende y usa la energía del tantien inferior o Hara, solo una parte de los sistemas del cuerpo recurren al tantien medio para nutrirse, y prácticamente ninguno de los sistemas y funciones del cuerpo lo hace desde el tantien superior. Por lo tanto, aunque su capacidad de almacenamiento sea enorme en los tres casos, a nivel de "tamaño", cada vez son menores cuanto más hacia arriba "subimos" para estudiarlos.

Por otro lado, si los tantiens estuvieran siempre a tope de energía y estuviéramos siempre con las pilas cargadas, sus mecanismos internos tienen la capacidad de traspasarse energía de unos a otros y refinarla para darles mayor sutileza y vibración. Esto es así porque, como hemos visto, cada tantien acumula y almacena chi en un tipo de "calidad" diferente. Mientras que el JING sería el prana equivalente a la gasolina más "barata" y con menos octanaje de la gasolinera, el prana del tantien medio sería equivalente a una gasolina de calidad superior mientras que la energía del tantien superior sería equivalente a la gasolina Premium, recibiendo el nombre genérico de energía SHEN.

JING, PRANA y SHEN, tres gradientes de calidad para una energía, el chi universal que recogemos, transmutados, destilamos y almacenamos y de la que depende la vibración que poseemos. ¿Cómo? Ahora vamos a verlo.

Si hemos dicho que la vibración que tenga el conjunto de nuestras células marca la vibración y frecuencia media que poseemos, ¿qué marca la elevación o disminución de esta frecuencia? Por un lado, ya lo hemos visto, es la vibración del planeta la que transmite con su campo electromagnético y la vibración de resonancia que poseen las "moléculas de la Tierra" el estándar base para la frecuencia del cuerpo humano. Pero, ¿qué otra cosa puede alterar la vibración de la célula? Evidentemente la energía que le llega por el sistema de canales y meridianos. Si esa energía llega con una frecuencial altísima, entonces el citoplasma de la célula, el núcleo y su membrana recibirán un chute de energía de alta vibración que elevará su frecuencia. Si, por el contrario, la célula recibe una energía de bajo nivel, o nivel medio, entonces bajará o mantendrá una vibración de ese mismo nivel.

Por lo tanto, si la energía almacenada y guardada en los tantiens es de alto octanaje, esta será la que circule por el sistema de nadis y termine insuflando "vida" a la célula, como en nuestro ejemplo del riego gota a gota de hace un par de capítulos, donde hemos dicho que los sistemas físicos necesitan un flujo energético continuo para poder funcionar y específico para cada parte del cuerpo. Por lo tanto, por el meridiano o por el nadi que ha de llevar la energía necesaria a ese órgano o parte del cuerpo ha de circular una energía de la mayor calidad y vibración posible.

Puesto que hemos dicho que es muy difícil cargar los tantiens en estos momentos con energías de alta vibración por la pésima calidad de los alimentos que ingerimos, del aire que respiramos y del entorno en el que nos movemos, en general, una gran parte de la población del planeta, hay que empezar a llenar los tantiens directamente de la energía del campo de éter que nos rodea, que tiene una vibración base mucho más alta y una capacidad de activar nuestros potenciales latentes mucho más rápidamente que el resto de energías que nos nutren. Todo esto, por supuesto, sin dejar de mejorar los procesos de absorción energética, tal y como hemos hecho al principio del libro, pues no se trata de apagar un sistema para poner en marcha otro, sino de poner a pleno rendimiento todos los mecanismos de absorción de chi que tenemos por defecto instalados en nuestra estructura sutil.

Finalmente, como apunte técnico, diremos que la energía final que le llega a las células no es directamente la misma energía que se encuentra en el tantien inferior, en la mayoría de los casos, sino una combinación de todas las energías que nutren al ser humano destiladas y procesadas en conjunto por el bazo etérico, de manera que, mezclando el Carbono, el Oxígeno y el Nitrógeno, vengan de donde vengan las energías que formen estos tres componentes, se obtiene una única "energía vital final", que se denominó *Hidrógeno* en los escritos de Gurdjieff, y este Hidrógeno es el que se envía y se transporta por el sistema de canales y meridianos para que todos los órganos obtengan la fuerza vital que necesitan.

Ahondaremos más adelante en futuros libros en el proceso técnico de creación y destilación del Hidrógeno en los mecanismos internos del bazo etérico, usando otros órganos de apoyo como el hígado o el riñón, ahora solo nos queda, antes de terminar este tema, explicar cómo se detalla el tipo de Hidrógeno que resulta en cada caso de la mezcla de estos tres componentes y como se marca su calidad para nosotros entendernos.

Si habéis leído literatura que explica este mecanismo de alimentación energética del ser humano posiblemente habéis visto notaciones tales como H_6, H_{12}, H_{24}, H_{48}, etc. Es decir, un pequeño número acompañando a la letra H que indica la energía del Hidrógeno.

¿Qué es este subíndice? Es el número que denota la calidad de la energía, exactamente igual a cuando decimos que la gasolina tiene 95 octanos o tiene 98 octanos. Pues ese número es el "octanaje" del hidrógeno que destilamos y procesamos en nuestro interior. Como veis, además, los números se duplican a cada "salto de calidad", siendo el H_3 la energía de mayor vibración que podemos generar, el H_6 una energía con una octava inferior en calidad (es decir, a mayor número menor calidad) y así subiendo en la escala hasta llegar a energías con un octanaje H_{96} o superiores que ya son energías de muy baja vibración y de muy mala calidad para el ser humano, y, aun así, siguen estando presentes en nuestro entorno, en según qué lugares y en que según qué elementos de la vida de nuestra sociedad. Por lo tanto, lo que a nosotros nos interesa a partir de ahora es intentar destilar y generar el Hidrógeno de la mayor calidad posible a partir de la energía que vamos a acumular en nuestros tantiens proveniente de la Fuente, de Muan, del campo "cuántico" que nos impregna, y, para ello, hemos de poner en marcha los mecanismos para que, desde nuestro Yo Superior, se activen las funciones latentes e inhibidas que tenemos presentes que pueden hacerlo.

Por lo tanto, y finalmente, la petición y el trabajo a realizar serian el siguiente:

"Solicito que se pongan en marcha todos los mecanismos de recarga energética de mis tantiens a partir de la energía de Muan, que están presentes en mí, latentes e inactivos. Solicito que se activen, limpien, desbloqueen y pongan en funcionamiento todas mis capacidades de transformación energética y destilación del prana o chi universal recogido en mis tantiens a partir de la energía de Muan para que pueda generar yo mismo la energía vital de mayor calidad posible para nutrir y abastecer todos mis sistemas físicos y energéticos. Solicito que se eliminen los topes, bloqueos, firewalls y elementos que taponan el sistema de distribución, recarga y transformación de esta energía para que tenga siempre el mayor suministro posible de la misma disponible para todos y cada uno de los elementos, partículas y células que me forman. Gracias."

11.   Procesos de carga y recarga energética, procesos de absorción y robo energético, entes parasitarios, fugas de energía y bloqueos que disminuyen el potencial humano

Como hemos dicho en el capítulo anterior y a lo largo del libro, la energía es la base del crecimiento del ser humano, de la activación de sus potenciales, de la expansión de su consciencia, de la puesta en marcha de todo lo que está latente en nosotros. Pero igual que a veces cuando nos ponemos a regar nuestras plantas con una manguera, una parte del agua no llega a las flores sino que se pierde por el camino, debido a fugas de agua, agujeros o escapes en el tubo, una mala conexión de la manguera al grifo, etc., la energía que nos llega y que almacenamos, o transmutamos y luego enviamos por todo el sistema de canales, no siempre llega con toda la potencia e intensidad que debería, y eso es de lo que vamos a tratar en este tema. ¿Por qué y dónde se pierde parte de la energía vital que poseo?

No somos sistemas ni máquinas perfectas, no somos sistemas estancos que no tengan ningún hueco ni lugar por donde se pueda escapar el prana que circula por nosotros, y, desde luego, no poseemos un complejo físico-energético que no presente decenas de distorsiones, bloqueos y limitaciones en diversos niveles y en diferentes estratos y componentes. Por lo tanto, es inevitable que exista una pérdida de este chi, que existan taponamientos en la distribución del mismo, que los procesos de acumulación y destilación no sean 100% eficaces y que haya, en definitiva, muchos puntos por los que perdemos "gasolina" y que nos hacen desperdiciar una parte de la fuerza vital que hemos adquirido.

En general, la razón por la cual el sistema energético que poseemos no funciona más adecuada y eficazmente no tiene que ver, tanto, con nuestra capacidad o incapacidad de captar, absorber y procesar la energía, sino con múltiples disfunciones presentes a lo largo de todo el complejo multi-dimensional que somos que presenta daños, de diversa índole, y que llevan a la pérdida y fuga de parte de ella.

Empezando por el sistema etérico de canales, nos encontramos en el mismo muchos pequeños taponamientos que dificultan el transporte de prana, en forma del hidrógeno final que consumimos, hacia los órganos y componentes de nuestros cuerpos físicos y etéricos. Estos taponamientos son producidos por la propia energía estancada del cuerpo, muchas veces a nivel emocional, que termina bloqueando una parte de los canales de distribución de este chi. El cómo y por qué razón se producen taponamientos de energías emocionales, que, a priori, pertenecen a otro cuerpo sutil y no deberían estar interfiriendo con el cuerpo etérico y físico merece una explicación aparte.

Aunque todas las emociones y sentimientos del ser humano se originan y se procesan en el cuerpo emocional, poseemos dos capas del campo electromagnético que llamamos aura que están conectadas y trabajando en conjunto con este cuerpo sutil. Estas capas del aura, la capa número dos y la capa número cuatro, llamadas respectivamente la capa emocional y la capa astral, son las encargadas de "bajar" parte de las frecuencias y energías emocionales a nivel tangible a los sentidos, de manera que, a nivel "físico" podamos sentir, literalmente en nuestro cuerpo, las emociones que estamos procesando a nivel emocional. Esto facilita que el sistema límbico del cerebro que gestiona la parte emocional del ser humano, tenga también información y contacto con las capas del aura que gestionan los sentimientos, y pueda liberar los químicos necesarios para que la tristeza, la alegría, el amor o el enfado corran por nuestras "venas", a nivel de energías pero también a nivel físico, en forma de pequeñas moléculas llamadas péptidos que están formadas por diferentes químicos producidos por el propio organismo. De esta manera, sentimos la euforia a flor de piel tanto como sentimos la tristeza, la apatía o el dolor.

Por lo tanto, si nuestro cuerpo físico y etérico, por la conexión con el cuerpo emocional a través de las capas del aura, y del cordón dorado, son capaces de recibir cargas energéticas emocionales que se suman al fluido energético de fuerza vital que es transportado por los nadis por todo el organismo, también estas cargas energéticas emocionales pueden producir "atascos" en este sistema de canales, pues su densidad, cuando se trata de energías y sentimientos de baja vibración, provoca taponamientos, y, al provocar taponamientos en los meridianos, entonces impide que el flujo de chi regular que sirve para nutrir los órganos y resto de elementos pueda circular adecuadamente. Muchas son las técnicas y terapias que trabajan con los meridianos y sistema de canales para limpiarlos y destaponarlos, desde la acupuntura, la digitopuntura, el masaje, el shiatsu y otras muchas que, haciendo hincapié en la presión, masaje y disolución de taponamientos energéticos trabajando desde el cuerpo físico, permiten la liberación de estas barreras y el normal fluido del prana por ellos.

Otras técnicas, por supuesto, trabajando desde la parte energética del sistema que poseemos hacen lo mismo, insertando fuertes choques de energía desde el Yo Superior, para que ese bloqueo emocional que se ha incrustado, por ejemplo, en el meridiano del corazón, pueda ser disuelto como un desengrasante disuelve una mancha de suciedad.

Por lo tanto, este es el primer problema que poseemos prácticamente todos los seres humanos, que no nos llega toda la energía que necesitarían nuestros órganos y componentes por los micro-taponamientos energéticos que tenemos en la mayoría de canales de distribución, ya que se han ido acumulando a lo largo de los años, todo tipo de "micro-quistes" de energía emocional negativa, que, por no haber sido procesada adecuadamente, termina compactándose y creando pequeñas "bolas" que dificulta el paso del prana vital hacia los puntos donde debe ser distribuido.

Una vez comprendido esto, el siguiente problema que tenemos es la fuga y pérdida de energía por rotura de alguna de las capas y membranas que recubren los componentes y órganos físicos. Imaginad o recordad algún momento de vuestra vida donde habéis tenido alguna pequeña herida física, producto de algún corte por cualquier motivo, y, evidentemente, esa herida que se ve reflejada en un corte en la piel, y a la que acuden las plaquetas por millones y el sistema de reparación del cuerpo se pone automáticamente a sanar, ha producido en muchas ocasiones una pérdida de sangre por la misma. Ahora imaginaros que en la misma zona donde se ha producido la herida, puesto que también es una zona donde se encuentran las capas energéticas que recubren el cuerpo físico, y donde se encuentra como envoltorio energético el cuerpo etérico, se produce también una herida "etérica", por la cual, en vez de salir algo de sangre, lo que sale es el prana que está llegando y circulando por esa zona, produciéndose algo parecido a un escape de gas en una tubería con un agujero.

Ese escape de "gas" es escape o fuga de energía vital, pues al cortarte la piel, también te has cortado las capas energéticas que la protegen, y al cortar las capas energéticas se produce una apertura, y por esa apertura se nos escapa a raudales, según el tamaño de la herida, parte de la energía vital que poseemos. Además, imaginad las situaciones en las que no hablamos de pequeñas heridas o cortes sino de operaciones quirúrgicas, en las que nos han de abrir físicamente para poder sanar y realizar alguna intervención sobre nuestros órganos en el cuerpo físico 1.1, el más denso y sólido de todos, de manera que, al cortar, cortamos las capas de energía del cuerpo desde la 1.2 a la 1.7, y, en muchos casos, parte del cuerpo etérico de la zona que está siendo operada, con la consecuencia de que, por esa zona, también perdemos muchísima energía y fuerza vital hasta que se cierra.

La buena noticia es que se cierra. Pero ¿cómo se cierra? Evidentemente si el cuerpo físico tiene un mecanismo para cerrar las heridas y cortes, a nivel físico-energético tenemos otro parecido, que tiende a cerrar las fugas energéticas reconstruyendo las membranas que cubren los órganos y partes del vehículo que conducimos, pero, por otro lado, estos mecanismos son algo lentos, más de lo que sería recomendable, de manera que se puede tardar días en suturar un corte etérico producido por una herida física, y, en consecuencia, estamos varios días con un escape de prana en alguna parte de nuestro sistema. Para solucionar esto y acelerar el proceso de cierre, pondremos al final de capítulo otra petición para que, desde nuestro Yo Superior, se acelere energéticamente el cierre de todas las fugas de energía que estén presentes en nosotros, ayudándonos a no perder ese chi que tanto nos cuesta obtener y ayudando a destaponar el sistema de canales que lo ha de transportar.

Bien. Si el taponamiento energético y las fugas de energía producidas por cortes o heridas u operaciones de cualquier tipo son dos de los problemas más comunes que tenemos a la hora de poder conservar el máximo posible de la fuerza vital que recorre nuestro organismo, otro de los problemas que es necesario tener en cuenta es el concepto de parásitos y entes que se nutren de nuestra energía. Este tema y estos conceptos para muchos ya serán conocidos, para otras personas les vendrán de sorpresa, así que vamos a hacer una introducción para que quede claro el porqué de su existencia.

Tanto el planeta en el que vivimos como muchos otros, se consideran planetas, y de hecho lo son, en los que los tipos de vida y seres conscientes que los habitan tienen derecho y existen en las dos polaridades "duales" de la energía. Es decir, que existen seres y entes que vibran, por decirlo así, tanto en la polaridad que llamamos positiva o de luz, como en la polaridad que llamamos negativa.

Existen muchos seres de ambos tipos, muchas jerarquías, muchas categorías, que, por haberlo así escogido, también usan la Tierra como parte de su escuela evolutiva, y, por lo tanto, interactúan con toda su estructura al igual que lo hacemos nosotros. Pero, al igual que en el reino animal podemos encontrar algunas especies que son parasitarias de otras, y a veces viven en perfecta simbiosis y a veces son un incordio para la especie animal parasitada, a nivel humano pasa algo parecido, con la diferencia de que el ser humano "medio" no es consciente de que está siendo parasitado

183

energéticamente por otros entes que buscan parte de la energía que desprendemos en el conjunto de nuestro campo y estructura electromagnética.

Esto hace que, debido a la carga negativa de las mónadas que forman las partículas de todos los seres y entes que existen en esta polaridad, la fuente de alimento y nutrición para ellos sean otras energías y campos en la misma polaridad, es decir, que una energía negativa es lo que nutre y alimenta a un ente negativo, mientras que una energía positiva es lo que nutre y alimenta a un ser positivo, de "luz".

Como energías negativas en este planeta las hay a raudales, ya que todas las que tengan como sustrato el miedo lo son, hay trillones de entes, pequeños, medianos y grandes, que las usan como su sustento energético, y como el ser humano es un productor nato de energías tanto negativas como positivas por la doble polaridad y carga imbuida y presente en nosotros, hay muchos tipos de entes que procuran estar siempre anclados, acechando o cerca de los seres humanos para poder aprovecharse de ese enfado, rabia, ira, dolor, miedo, tristeza y todo el resto de emociones y sentimientos que podáis imaginar en esta polaridad. Por lo tanto, son nuestro siguiente mayor problema, porque para que este tipo de entes no físicos, incorpóreos, pues no tiene cuerpo denso o material que podamos "tocar" o percibir con los sentidos físicos, puedan seguir nutriéndose de aquello que emitimos, también intentan que nunca dejemos de generar este alimento que, para ellos, es perfectamente válido, "sano" y altamente nutritivo, por mucho que a nuestra programación y percepción sea algo realmente extraño y contra intuitivo el aceptar que haya formas de vida que se alimenten de emociones y energías de polaridad negativa.

Pero las hay, y muchas, y por lo tanto es necesario ser consciente de la necesidad imperativa de poseer un sistema energético lo más sano posible, porque, de lo contrario, somos literalmente un "delicatesen" para ellos, pues nos ven como un plato de comida muy nutritivo y que nunca se gasta.

Por otro lado, hacen que nunca se gaste esta emisión energética que les proporcionamos. ¿Cómo lo consiguen? Manteniéndonos enfadados por días, amplificando las emociones y sentimientos negativos que les nutren a ellos y nos hacen sentir mal a nosotros, y lo hacen manipulando nuestros cuerpos sutiles y estructuras ya que, al entrar en contacto, por ejemplo con el cuerpo emocional, pueden "removerlo" para que se agiten las "aguas turbulentas" del inframundo de cada uno y salgan a la superficie nuestros miedos más ocultos, o nuestros sentimientos reprimidos, o las bolsas de ira o enfado que hemos taponado en nuestro interior. De esta manera, no solo nos mantienen en un estado vibracional muy bajo, como hemos comentado en el capítulo anterior, sino que consiguen que nunca dejemos de generar la energía que les sirve como sustento vital para su supervivencia.

Ahora bien, ¿de dónde han salido todos estos entes y diferentes categorías de seres que se nutren de energías de esta polaridad? En general, la respuesta no es obvia, no son de la Tierra, pero, si no son de aquí ¿de dónde son? Son y provienen de los planetas de origen de las mismas razas que llegaron aquí hace millones de años y que colonizaron la Tierra y se hicieron cargo de la especie humana, creándola y manipulándola genéticamente, y que nosotros conocemos con los nombres de Anunnakis ("asimoss"), Dracos ("amoss"), mantis ("alomiss"), "Zul" y otros nombres puestos por los ufólogos y personas que en algún momento han llegado a interactuar con ellas, aunque nosotros hemos puesto entre paréntesis aquellos nombres que estas propias razas se dan a sí mismas. Por lo tanto, las mismas razas que ahora mismo gestionan el sistema de control humano en el planeta, trajeron "refuerzos" en su momento, y a lo largo de la historia de la humanidad lo han seguido haciendo, para poder tener a sus "peones" diseminados por toda la estructura de planos de la Tierra, desde el plano físico hasta la parte baja del plano causal, de manera que hubiera fuerzas "no físicas" que asistieran al control y gestión del sistema de vida, a la gestión energética del planeta y a mantener en el estado vibracional más bajo posible a los seres humanos como medida de impedir su desarrollo, capacidades y progreso evolutivo.

Y si esto es así, ¿cómo puedo hacer para deshacerme de estos parásitos? La respuesta tampoco es fácil, aunque se intuye por donde va. La manera de dejar de ser alimento para ellos pasa por no darles de comer, la manera de no darles de comer pasa por tener un sistema energético sano y limpio y una frecuencia de vibración altísima a la que no puedan llegar. Y la manera

186

de tener una frecuencia de vibración alta es ejecutando todo lo que hemos comentado en los capítulos anteriores, sanar todos los procesos emocionales y mentales que nos lastran, eliminar nuestros miedos, etc. Está fuera del alcance este capítulo el entrar en detalle en cómo hacerlo, pero iremos dando pautas para que poco a poco soltemos todo aquello que nos mantiene en un estado vibracional muy bajo y que sigue produciendo el alimento energético para este tipo de entes.

Entonces, recapitulando, si hemos hablado de cómo recargarnos energéticamente, potenciar los procesos de absorción del prana o chi universal, de las fuentes de energía que poseemos, de cómo cargar los tantiens con la energía de la Fuente, y hemos hablado de como perdemos energía a través de las fugas y roturas de las membranas energéticas, de los taponamientos en el sistema de canales y de las energías que nos producen, en polaridad negativa y que luego son consumidas, todo este tipo de entes, vamos con una petición para empezar a trabajar todo esto e ir cerrando fugas, desconectando entes de nosotros y destaponando todo lo que provoca que el prana que fluye por nuestras tuberías energéticas llegue a donde tiene que llegar.

De nuevo, trabajaremos con nuestro Yo Superior e iremos haciendo esta petición regularmente, de manera que podamos poco a poco devolver nuestro sistema energético a un estado lo más óptimo posible. La petición de trabajo es la siguiente:

Solicito que se pongan en marcha todos los mecanismos de sanación energética presentes y latentes en mi estructura, eliminando los inhibidores, bloqueos, taponamientos, firewalls y elementos que impiden que pueda yo mismo cerrar todas las fugas energéticas presentes en mi estructura, sanar y restaurar los daños que existan en la misma y poner a pleno funcionamiento los mecanismos internos de sanación y recuperación que poseo. Solicito que se eliminen los taponamientos energéticos presentes en mi sistema de canales y meridianos, diluyendo la energía de estos taponamientos por rotura forzada de mi Yo Superior de los enlaces que unen las mónadas y partículas cuánticas que los forman, de manera que se liberen las mónadas individuales que están ahora formando parte de la restricción energética y esta desaparezca naturalmente de mí. Solicito que se expulsen a la Fuente todos los entes y parásitos energéticos conectados, anclados y vinculados a mi estructura energética, cerrando toda fuga de energía que el anclaje o conexión haya provocado y cancelando todo acuerdo, permiso o pacto que haya hecho con ellos consciente o inconscientemente. Gracias.

La razón por la que hemos puesto este último párrafo sobre los permisos está relacionado con los engaños que, a veces, en alguna interacción que hayamos tenido con este tipo de seres, por ejemplo en meditación, en sueños, o incluso en otras vidas, hayan podido engañarnos para que les dejemos usar nuestra energía sin violar nuestro libre albedrío. Para que esto ocurra imaginaros la siguiente situación: estáis meditando y percibís una figura que se acerca a vosotros en vuestra pantalla mental y os dice que os puede ayudar con lo que sea a cambio de que le permitáis quedarse con vosotros, usar una parte de vuestra energía o cualquier cosa relacionada a cambio. Esto hace que, si por la razón que sea, decimos que sí, el ente tiene permiso, sin violar nuestro libre albedrío, para nutrirse de nosotros, sin que nos hayamos dado cuenta de que aquello que parecía un ser que venía a ayudar, no era más que un ente negativo disfrazado con capa, corona y alas para hacerse pasar por lo que no es.

Este ejemplo que puede habernos sucedido a cualquiera, no siempre se produce en estado de vigilia, sino que, en la mayoría de los casos, sucede por la noche, en sueños, siendo el alma quien recibe la "visita" de alguno de estos entes, y, por lo tanto, sin llegar a saber discernir las verdaderas intenciones del mismo, puede llegar a dar este permiso a cambio de una hipotética ayuda o asistencia que no tiene por qué darse luego, pero sí que faculta al ente para anclarse a nosotros y nutrirse de nuestro campo electromagnético y cuerpos sutiles.

Por lo tanto, es cuestión de ir trabajando en consciencia con todo tipo de precauciones cada vez que conectemos con algo o algo se ofrezca a trabajar con nosotros, pues en estos momentos, y tal y como está el planeta y la situación energética de la raza humana, somos realmente un alimento energético muy nutritivo y apetitoso para muchos miles de entes, y no dejan de estar al acecho de oportunidades para seguir obteniendo el sustento vital que les proporcionamos.

12.   Funciones superiores de los cuerpos básicos: etérico, emocional, mental y causal. ¿Cómo gestiona el alma la estructura de cuerpos que tenemos de serie?

A estas alturas del libro creo que hemos pasado el ecuador del conocimiento básico que hemos de tener presente para poder conocer cómo somos y cómo estamos hechos. Es tremendamente importante que seamos poco a poco más conscientes de la cantidad de información que nos falta sobre nosotros mismos para poder tomar las riendas del avatar que usamos y llevamos por la vida como vehículo para el sostén de la experiencia física y terrenal, y que, como estáis pudiendo intuir, interesa por todos lados que conozcamos lo menos posible y que sepamos cómo manejar solo en su justa medida, para que no podamos activar las funciones y capacidades latentes en él.

Así que vamos a intentar seguir poniéndole remedio a ello y vamos a introducirnos en las funciones "avanzadas" que poseen los cuerpos básicos que todos tenemos de serie y de los que ya hemos hablado. ¿Qué significa esto de funciones avanzadas? Pues básicamente igual que cuando nos compramos una lavadora o una televisión está el botón de ponerla en marcha para que funcione, y con eso la mayoría de personas ya se conforman y les va bien que se ejecuten así las funciones principales de aquello que hemos comprado, existen muchos otros parámetros que solo al usuario avanzando, al que le gusta leerse el manual de instrucciones e ir mirando los menús, tocando aquí o allá, ajustando por aquí o por el otro lado y activando este o aquel botón, le permite disfrutar de una experiencia más potente y profunda que si solo usa la función normal, rutinaria y básica de cada cosa que posee.

Y es que, en cierta forma, el cuerpo y sistema energético que poseemos está diseñado para hacer y ejecutar una serie de funciones que, a muchos de nosotros, nos harían sonreír por recordarnos a los dibujos y películas de súper héroes que hacen cosas que nosotros consideramos no solo de ficción, sino realmente imposibles. Y es verdad, imposibles son, pero no porque no las poseamos latentes e inherentes en nuestro ADN o estructura energética, sino porque nos han hecho creer que son solo meras elucubraciones de unos buenos guionistas inventándose cosas sin ninguna base real. Veamos por qué no es así.

Empecemos por el cuerpo etérico. El cuerpo etérico, como envoltorio principal del cuerpo físico, tiene todos los requerimientos, potenciales y habilidades para mantener este mismo cuerpo físico en perfecto estado de salud, siempre, en todo momento y a lo largo de centenares de años. Así que ya vamos con el primer problema, ¿por qué nos enfermamos tanto? ¿Por qué la esperanza de vida en el planeta puede estar más o menos en torno a los 80 o 90 años y no en torno a los 500? ¿Qué limita que mi cuerpo físico no dure más que unas pocas décadas? Pues para sorpresa de algunos, lo limita un parámetro codificado en el ADN en el momento de la manipulación de nuestra especie para que los avatares y cuerpos que conducimos no superaran un cierto tiempo de vida, de manera que, nuestro propio ADN, nuestra propia codificación, empieza a degenerar y "fallar" con la edad porque así estamos diseñados para ello, algo así como el concepto de *obsolencia programada* de todos nuestros electrodomésticos, coches, móviles, ordenadores, etc. que llevan programado un número de horas útiles y funcionales en sus micro chips internos y, a partir de ese número, empiezan a reducir sus prestaciones, velocidad, rendimiento y funcionalidad hasta que algunos de ellos dejan de funcionar por programación, no porque los materiales que los forman realmente hayan sufrido daño alguno. Este concepto, tan usado en nuestro sistema de vida planetario para mantener la máquina del consumismo a pleno rendimiento, ya que de lo contrario la economía mundial se hundiría tal y como está diseñada en estos momentos, tiene su equivalente en el cuerpo humano, donde, a partir de un cierto número de ciclos de vida para nuestras células, empieza un proceso de reducción de las capacidades de autogeneración de las mismas y de deterioro interno de los órganos, simplemente por la programación insertada en los mismos, algo que vamos a cambiar en unos momentos.

Así, la primera petición que incluimos en este capítulo no la dejamos para el final del mismo sino que iremos activando poco a poco diferentes facetas ocultas y latentes en el ser humano, que por mucho que nos parezcan de ficción, aquellos que gestionan el sistema de vida en la Tierra las tienen funcionando a plena potencia, y la mayoría de razas que gestionan el planeta nacen con ellas por defecto, siendo su longevidad natural de miles de años de los nuestros porque, repito, los vehículos físicos que usamos tanto nosotros, la raza humana, como Anunnakis y compañía, tienen la capacidad de durar cientos de años si se les deja hacer sin imbuirles una obsolencia programada. Para este primer cambio, la petición a nuestro Yo Superior es la siguiente:

Solicito que se eliminen todos los programas imbuidos en mi ADN, en mi patrón metabólico, en mis esferas mentales y en el resto de mi programación y sistemas físicos y energéticos que limitan el tiempo de vida útil de mis células y de los órganos y componentes de mi cuerpo físico, borrando por completo el número limitado de ciclos de vida asignados a mis células y componentes orgánicos, y permitiendo que la gestión de la vida útil de las mismas pase a estar regida por mi Yo Superior, de manera que, de forma natural, sean mis expectativas evolutivas, el camino que he de recorrer y el número de lecciones que he de transitar y recoger, las que marquen el tiempo de vida necesario para cada encarnación, ampliándolo hasta aquellos límites necesarios para dotarme de un sistema físico en el mejor estado de salud posible sin las restricciones que marcan los programas de "fallecimiento celular" presentes en mí. Gracias.

Con esta petición, evidentemente no hemos hecho nada más que decirle a nuestro Yo Superior que borre la obsolencia programada, y que sea esta parte del ser humano la que esté a cargo de decidir el tiempo de vida natural que el cuerpo que poseemos necesita, alargándolo los años o décadas que considere necesario si no existe ningún problema o contratiempo para ello.

Hemos mencionado en la petición un componente que no hemos estudiado hasta ahora, y que llamamos el patrón metabólico. Aunque no entramos en detalle sobre el mismo, diremos, para que sepáis que es lo que estamos reprogramando, que en nuestra mente hay diferentes bases de datos y repositorios de programas que rigen, junto con el centro instintivo que ya conocemos y el ADN, el funcionamiento correcto de todo el organismo. Por lo tanto, no solo tenemos que cambiar la programación a nivel celular y de ADN, sino que hemos de sobrescribir los valores en ciclos de vida presentes en la mente que permiten que la gestión del ser humano se lleve a cabo automáticamente sin intervención consciente por parte de la personalidad, de ahí que tengamos que tocar también todos estos parámetros en las diferentes partes donde los tenemos codificados.

Muy bien. Seguimos. Si con la petición anterior hemos eliminado la obsolencia programada de nuestras células, el siguiente problema que se nos plantea es la cantidad de cosas que nos hacen enfermar y nos causan todo tipo de disfunciones físicas, producto de todo tipo de disfunciones energéticas. Para trabajar en este aspecto, hemos de recurrir a funciones avanzadas tanto del cuerpo etérico como del cuerpo mental, así como de la mente y de los repositorios de programas que esta contiene junto con la codificación en el ADN, de donde se nutren de instrucciones parte de los procesos de crecimiento y funcionamiento que tenemos.

Y es que, ¿por qué enfermamos? Desde el punto de vista físico, puramente fisiológico, tenemos volúmenes de información al respecto, y desde el punto de vista energético, otros cientos de volúmenes más. Así que no es mi objetivo en estos momentos entrar en temas médicos o de salud, sino explicar el mecanismo por el cual, un procedimiento energético causa una disfunción física, y, con ello, crea una distorsión en nuestro estado de salud. Es decir, el cuerpo enferma cuando se produce un desajuste de su estado de equilibrio natural. ¿Qué significa esto? Que el cuerpo está diseñado para estar siempre sano, siempre en equilibrio y siempre en armonía. Lo repetimos, el cuerpo está diseñado para estar sano, porque es un componente esencia de la vida y sin el cual, el alma y los cuerpos y sistemas superiores no pueden proceder a esta experiencia terrenal. Por lo tanto, desde el "molde" energético del que "estamos hechos", el diseño es perfecto, completamente funcional y sin ningún fallo. Obviamente, esto dista mucho de ser la realidad que todos conocemos, donde la enfermedad, el dolor, las disfunciones y problemas físicos son el "pan nuestro de cada día". Todos hemos estado enfermos muchas veces y nuestro sistema de salud se basa en la enfermedad, provocado por, entre otras cosas, las grandes corporaciones farmacéuticas y médicas que controlan parte del sistema de la vida a las que les interesa tenernos a todos siempre lo más enfermos y en el peor estado de salud posible.

Pero claro, si esto es así, ¿cómo lo cambiamos? No vamos a hacer milagros, no podemos revertir al 100% los procesos que nos llevan a enfermar pero sí que podemos comprenderlos, y eso ayudará a solucionarlos. Porque, recordad, donde hay consciencia, hay intervención sobre la energía y donde se modifica la energía se manipula la materia. Para sanar, hay que devolver el equilibrio y el balance a la zona afectada, y, por lo tanto, antes de aplicar un corrector físico en forma de la medicina que sea, hay que aplicar el conocimiento de causa del origen del problema, que lo da la consciencia, hay que aplicar la corrección energética en la zona afectada y luego hay que trabajar, solo en último lugar, sobre la materia. Nosotros, en general, funcionamos directamente solo aplicando la corrección mediante medicamentos en el cuerpo físico para paliar el síntoma sin haber corregido antes el problema a nivel energético y sin haber entendido la causa del mismo.

En todo caso, puesto que el cuerpo que poseemos tiene capacidades de auto recuperación mucho más potentes que las que están activas en estos momentos, tenemos la posibilidad de ponerlas a trabajar a un ritmo más elevado, igual que hemos hecho antes con la reprogramación de la obsolencia programada en las células modificando los códigos que rigen el número de ciclos de vida que la célula debe vivir, por lo que también haremos una petición para ello. Antes, terminemos la explicación de porqué enfermamos, es decir, ¿cómo se pierde el balance y equilibrio natural de un mecanismo que funciona en perfecta armonía y sin ningún fallo?

Se pierde por la introducción de elementos extraños dentro de ese mecanismo, elementos patógenos que causen esa pérdida de balance. Vaya descubrimiento, estaréis pensando muchos, sobre todo si sois parte del colectivo del mundo de la salud, terapias, sanidad o medicina. Y evidentemente no estamos descubriendo nada nuevo, o si, pues ahora veremos la otra parte que, en general, no se contempla a la hora de comprender el funcionamiento energético del organismo que nos permite seguir vivos.

Imaginemos una persona con perfecta salud, algo que no existe, pues aunque no nos demos cuenta, solo por la alimentación, el aire contaminado y el estilo de vida que llevamos, todos nuestros órganos presentan alguna pequeña o gran disfunción desde los primeros años de vida. Pero imaginemos que estamos a nivel físico exactamente igual que el molde "energético" perfecto que nos proporciona un equilibrio entre todos los componentes que nos forman. ¿Cómo desestabilizas a nivel energético un sistema creado para existir en perfecto balance? Con un elemento patógeno externo, correcto. Pero ¿qué hace ese elemento patógeno para ello?

Pues como ese elemento patógeno, sea un virus, sea una bacteria, sea una toxina, sea un químico negativo, sea una corriente que ataca un punto débil, sea una manipulación del oxígeno que respiramos con partículas contaminadas que llegan a los pulmones o sean micro sustancias tóxicas imbuidas en los alimentos, todos están formados por mónadas y partículas cuánticas, como las que ya hemos explicado antes en los inicios del libro, hemos de trabajar sobre ellas de nuevo.

Lo que hace que el cuerpo pierda su equilibrio es la información que viene en la carga energética de las partículas que forman ese virus, toxico, químico o patógeno. Como si fuera un programa ejecutable de un ordenador, que al introducirse en el mismo pone en marcha una serie de instrucciones y rutinas, la información contenida en ese elemento extraño que llega a nuestro organismo transmite una serie de instrucciones contrarias al buen funcionamiento del sistema que tenemos y este pierde el balance al ejecutarlas.

Vaya tontería, ¿por qué mis células ejecutan información de un elemento extraño que no pertenece al cuerpo para enfermar? Porque están codificadas para ello. Es decir, nuestro sistema físico a nivel celular está codificado para aceptar las peticiones e instrucciones de los sistemas de gestión del cuerpo humano, tanto del

ADN que se encuentra en el interior de cada una de ellas, como del centro instintivo que gestiona el ADN, como del patrón metabólico que gestiona parte de los centros de control y parte de la programación en la mente que hace que todo funcione. Por lo tanto, nuestro cuerpo enferma simplemente porque obedece a una serie de instrucciones que vienen codificadas en el aspecto energía de las partículas que forman el elemento patógeno externo que entra en nuestro organismo.

Estas instrucciones, que a nivel químico provocan diferentes interferencias con los mecanismos de funcionamiento del cuerpo, y a nivel energético causan desbalance entre las polaridades y el equilibrio de las coberturas energéticas de las células, tienen diferentes repercusiones según de "potente" sea el patógeno o elemento externo en nosotros, por lo tanto, hay situaciones que nos provocan un resfriado porque simplemente hemos "cogido frio", y esto que nos parece tan normal no tendría ni siquiera que suceder, porque un cuerpo sano al 100% es capaz de regular los estados energéticos para contrarrestar los cambios de temperatura en un estado "ideal" de salud, así como hay otras situaciones que nos causan enfermedades mucho más complicadas porque afectan a muchos órganos, elementos y componentes de nuestro vehículo más material y denso.

Por lo tanto, como veis, no estoy intentando dar información de porqué enfermamos sino de cómo funciona el mecanismo por el cual enfermamos, y esto solo a nivel físico, pues otras enfermedades tienen orígenes mentales o emocionales, por lo que para intentar reducir el mecanismo explicado, tenemos que trabajar con nuestra programación celular de nuevo para que las instrucciones que se reciben y se ejecutan por el cuerpo ante la presencia de elementos extraños sean las menos posibles, y, digámoslo así, nuestras células no hagan ni caso de instrucciones externas que les piden y les obligan a cambiar de su estado "natural de balance" al estado de pérdida del mismo y desequilibrio.

Bien, hagamos un inciso. ¿Va a impedir esto que enfermemos de ahora en adelante? No del todo, ya que, como hemos dicho, todos tenemos tantas pequeñas disfunciones presentes en nuestro organismo que los mismos virus, patógenos y todo tipo de elementos externos que nos hacen caer enfermos los aprovechan, amplifican, y, por lo tanto, usan en su beneficio, y ninguno de nosotros podemos recuperar, al 100%, un estado de salud tan perfecto que partiendo del equilibrio total, ya no enfermáramos más, pero podemos reducir el impacto que tienen y podemos empezar a armonizar y devolver a nuestro cuerpo físico el estado de balance natural que le toca y corresponde por diseño arquetípico del mismo.

Para ello, haremos dos peticiones, la primera para que todos y cada uno de los componentes energéticos y físicos, se "alineen" con el molde "perfecto" que les corresponde, es decir, que cada partícula que nos forma vuelva a estar en perfecto balance, y eso es algo que requiere mucho esfuerzo, trabajo y constancia, pero que se puede ir consiguiendo poco a poco con la siguiente petición:

> *Solicito que se ejecuten por parte de mi Yo Superior los procesos de alineación de todas las partículas de mi cuerpo físico y de mi cuerpo etérico, en todos los subniveles de los mismos, acorde al "molde" perfecto de salud y bienestar que me corresponde por diseño y por funcionalidad de mi cuerpo. Solicito que se equilibren, sanen, armonicen y se devuelva el balance a cada órgano, tejido, músculo y componente físico y energético que poseo, usando como referencia la plantilla "etérica" diseñada por mi Yo Superior para esta encarnación como base para la construcción de mi cuerpo físico. Gracias.*

Así, con esto, poco a poco, muy poco a poco, cada partícula que poseemos irá ajustándose a su estado natural más acorde al molde "perfecto" del que ha nacido el diseño del cuerpo humano que tenemos.

Ahora vamos con la segunda parte, la aceleración de los procesos de sanación y la desprogramación de las órdenes en las células para que ejecuten los programas de "desequilibrio" que vienen por defecto en todos los virus y patógenos, algunos naturales, otros creados en laboratorios, y fumigados a la población por medio de múltiples medios y sistemas, desde los aires acondicionados, las emisiones de gases de los tubos de escape de los coches o los chemtrails.

La petición es la siguiente:

Solicito que se pongan en marcha en mi patrón metabólico, mi ADN, mi centro instintivo y en el resto de componentes físicos, etéricos y mentales, los procesos de auto sanación y auto recuperación latentes e inherentes a mis capacidades de salud presentes en ellos, activándolos por mi Yo Superior al nivel máximo que sea posible en cada momento y poniendo a funcionar todos los programas, capacidades, sistemas y funcionalidades codificadas en mi para la gestión y mantenimiento de la buena salud y estado físico y energético de mi estructura.

Solicito que se elimine de mi programación celular los componentes que facilitan y permiten que se reciban las órdenes e instrucciones energéticas codificadas en virus y elementos patógenos externos que causan y provocan la perdida de balance, disfunción y desarmonía en mi sistema físico y energético, de manera que sea mi Yo Superior quien gestione la activación o ejecución de este tipo de codificación si está acorde a mi bien mayor, o bloquee la ejecución de las mismas si no lo está. Solicito que se traspase directamente a la gestión de mi Yo Superior los programas de actualización de mi estado de salud por cambios en mis células cuando se reciben las órdenes e instrucciones para ello codificadas en estos elementos nocivos y negativos para mi salud. Gracias.

Con esto, de momento, ya hemos puesto en marcha parte de esas funciones "ocultas" y latentes en nosotros, que, a pesar de ser inherentes a muchas formas de vida, en el ser humano, lamentablemente, no forman parte de la caja de herramientas que traemos por defecto activadas en nuestros cuerpos y estructuras.

Sigamos. Si a nivel físico y etérico ya hemos visto cómo podemos reducir el impacto de la enfermedad y la disfunción que nos causan factores y elementos negativos externos, a nivel emocional también tenemos otros procesos que nos pueden ayudar a transmutar y limpiar mucho más este cuerpo sutil para evitar que se acumulen demasiadas energías tóxicas y negativas en forma de sentimientos y emociones atrapadas y dañinas para nosotros.

¿Qué significa esto? Significa que tenemos en cada cuerpo sutil mecanismos de auto limpieza que tampoco están tan activos y funcionales como podrían estarlo, ya que fueron inhibidos por las mismas manipulaciones genéticas y a lo largo de sucesivas generaciones y experimentos para impedir que el ser humano dejara de "ser pila" y dejara de emitir la energía necesaria para proporcionar el alimento que proporcionamos a los cientos de miles de entes parasitarios que conviven con nosotros. Por lo tanto, era necesario que el ser humano no cesara nunca de generar este tipo de forma energética de baja densidad y, para ello, había que disminuir los sistemas de depuración inherentes a nuestra estructura. La forma de hacerlo fue simplemente apagando parte de su potencial en los mecanismos mentales que los rigen, porque, como ya habéis podido suponer, el ser humano tiene mucha similitud con un ordenador en ciertos aspectos, ya que la mayoría de funciones que poseemos están gestionadas por un software instalado en la mente, de manera que todo lo que necesitamos para poder vivir está controlado y funcionando desde una o varias partes de la psique, y con contrapartidas y programas menores funcionando tanto a nivel físico como etérico como emocional y causal. Por lo tanto, para poner en marcha los procesos de depuración energética a un ritmo mucho más elevado que el actual, solo hemos de quitar los topes insertados en nuestra programación para ello, desactivando los inhibidores presentes en estos sistemas y luego dándoles más potencia para que empiecen a procesar todos los desechos y energías residuales presentes en los cuerpos sutiles cuya vibración y densidad nos causan problemas y todo tipo de disfunciones como ya hemos visto.

Para poder activar estos mecanismos, lo que haremos será, de nuevo, pedirle a nuestro Yo Superior que modifique la programación estándar que traemos de serie todos al encarnar, ya que estos mecanismos y programas no han sido manipulados en vida, es decir, ya hemos nacido con ellos trabajando a ese mínimo nivel y potencia, y ningún ser humano los posee a pleno rendimiento a no ser que haga el trabajo de ponerlos en marcha. Es como decir que el coche que nos dan en el concesionario viene de serie solo con la primera marcha puesta, y, si no te das cuenta, y no haces algo manualmente para cambiar a las marchas superiores, te pasarás la vida conduciendo solo "en primera".

Visto esto, para poder activar estos mecanismos, usaremos la siguiente petición:

Solicito que se pongan en marcha a pleno rendimiento y potencia los mecanismos de sanación y transmutación energética presentes en todos mis cuerpos sutiles, de manera que se reciclen, transformen y eliminen todos los residuos etéricos, emocionales, mentales y causales presentes en mí, cuyo sustrato energético está basado en el miedo o en alguno de sus derivados, generando acumulaciones de energía negativa y densa perjudicial para el buen funcionamiento de todos mis sistemas y componentes. Solicito que se eliminen todos los topes, elementos, dispositivos y programas que impiden la activación y puesta en marcha de estos mecanismos de limpieza interna y que mi Yo Superior supervise de ahora en adelante su correcto funcionamiento para que no puedan ser bloqueados de nuevo ni se reviertan a su estado anterior a esta activación. Gracias.

Con esta petición completamos, en este capítulo, la introducción básica de algunas de las funciones "ocultas" y superiores presentes en nosotros más importantes que poseemos, y solo nos queda un tema para dar por finalizado este apartado, pues, como habéis visto en el título, hemos incluido el estudio de como el alma gestiona todos estos cuerpos, incluidas estas funciones superiores cuando están latentes. Así que vamos a ello. ¿Cómo funciona realmente el alma del ser humano y como dar órdenes hacia el resto de la estructura inferior que poseemos?

El alma es un cuerpo autoconsciente, de hecho, ya hemos visto que es el cuerpo con el que nos identificamos cuando hablamos de los periodos entre vidas, pues al quitarnos todos los trajes "inferiores" que ya conocemos, el alma se mantiene solo con el cuerpo causal hasta el momento de una nueva encarnación, algo que veremos en detalle en el siguiente capítulo. Pero, ¿cómo está formada el alma, y que mecanismos tiene que le permiten dirigir el sistema físico y energético, aun cuando no sea necesario, pues ya hemos visto que todos los sistemas que literalmente nos permiten estar vivos funcionan en un perfecto piloto automático?

Pues el alma podría, y de hecho puede, aunque no lo haga, pasar a modo manual para la gestión de todos esos sistemas, y dar las órdenes de cómo debe funcionar, partícula a partícula, cada parte del cuerpo físico y energético, pero no lo hace, de nuevo, ya que estamos construidos, por las manipulaciones genéticas sufridas, para que el alma no tenga que hacer nada, literalmente, siendo así mucho más fácil poder controlar a la humanidad, ya que siendo envoltorios físicos y materiales, y regidos por una multitud de mecanismos etéricos, emocionales y mentales que funcionan a la perfección por si solos, coordinados desde la esfera de conciencia por un programa de gestión total que es el programa ego y dotando al ser humano de una personalidad artificial para poder lidiar con el mundo de ahí fuera y con el resto de humanos que funcionan con el mismo mecanismo de piloto automático activado el 100% de sus vidas, ¿para qué nos hace falta un alma? ¿Qué funciones tiene en estos momentos?

Evidentemente, todos estaréis de acuerdo que alguien sin "alma" es alguien que, según los refranes populares y la sabiduría de la gente, no tiene sentimientos, no es "humano" en el sentido positivo del término y le falta el componente de "luz" que nos hace ser personas "buenas" y "maravillosas". Pero, ¿realmente esto lo hace el alma o lo hacen los programas de la personalidad y de la consciencia artificial? Es decir, ¿de qué depende que una persona sea considerada un "gran ser humano", en todo el sentido positivo del concepto, y otro sea considerado un rufián, una persona "mala", un ser humano "negativo"? Evidentemente lo hace la programación, apoyada por el alma, sí, pero principalmente la programación, porque muchas de las cualidades que consideramos positivas también son programas, eso sí, son programas también presentes a nivel de alma, y no solo a nivel de psique.

Vamos a intentar explicarlo mejor. Si pudiéramos ver o diseccionar un alma, ¿qué veríamos? Veríamos un cuerpo energético hecho de trillones de partículas como las que ya conocemos, formadas por mónadas con sus tres aspectos consciencia, energía y materia. Estas partículas se agrupan no en células, como sería el caso del cuerpo físico y material, sino en lo que se conoce como "facetas del alma". Es decir, están agrupadas en "conjuntos de energía" que son el equivalente a los pétalos de una flor, si tenéis una en mente, pues las facetas del alma son como los pétalos y todo el conjunto de pétalos forman la flor, así como todo el conjunto de facetas forman el cuerpo álmico.

Estas facetas tienen cualidades y características que vienen de serie en nosotros, algunas de ellas, mientras que otras han sido pre-programadas antes de cada vida y otras han sido adquiridas a lo largo de las múltiples encarnaciones que hemos tenido. Por lo tanto, las experiencias de la vida, las vivencias que hemos tenido ahora y en otras cientos de encarnaciones, han ido dotando al alma del contenido energético que forman las cualidades y características que ahora posee esta parte nuestra.

Esto significa que a nivel de alma también hay enfado, también hay dolor, sufrimiento y también hay alegría, amor y felicidad, todo de todo, un poco de cada, ya que decenas de vivencias ocurridas en cada instante de cada una de nuestras encarnaciones nos han "marcado" con decenas de diferentes configuraciones energéticas almacenadas en las facetas del alma.

Así, el alma crece, aprende y traspasa al espíritu, si está presente, y al Yo Superior, la experiencia y la vivencia, pero no la emoción o el programa, quedándose este registrado en el alma, en una de sus facetas, pero sin que este afecte a nuestro ser o Yo Superior. Es decir, si en una experiencia lo hemos pasado mal o hemos sufrido, esta experiencia vivida por la personalidad también ha afectado al alma, donde no solo la situación ha quedado registrado como "pasó tal cosa", sino que las emociones vividas han quedado grabadas en las facetas de este cuerpo. Nuestro Yo Superior solo recoge la parte vivencial, "pasó tal cosa", "experiencia registrada", que dice nuestro ser, pero no se guarda ni el dolor, ni el sufrimiento ni la felicidad si fuera el caso, solo recoge la vivencia de la manera más neutra posible.

Por lo tanto, ya podemos imaginar que en el alma tenemos acumulado un poco de todo, para bien y para mal, pues se han ido almacenando a lo largo de sucesivas encarnaciones múltiples programaciones y formas emocionales que luego repercuten en la personalidad, pues el alma intenta dirigir el cuerpo que usa, aunque lo consiga con mayor o menor esfuerzo a veces, ya que el Yo superior intenta dotarla de la fuerza de voluntad para ponerse a los mandos del vehículo que siempre nace funcionando en piloto automático y regido por el programa ego y los personajes de nuestra personalidad.

Por lo tanto, el alma nunca ceja en su empeño de volver a conducir en modo manual y tiene mucha influencia en el comportamiento global de la persona, porque fuerza a muchos programas a no actuar, o intenta frenar la activación de respuestas emocionales y mentales que van en contra de nuestro bien mayor, o intenta mover los mandos de la mente para que la personalidad al mando sea una y no otra, etc. Que lo consiga a veces más o a veces menos, es lo que denota en muchos casos una personalidad más "humana" y en otros una personalidad más "robótica" o "fría", pues un programa que se activa en la personalidad para gestionar una situación, la que sea, lo hace de forma autómata y sin que medie ningún tipo de condicionante emocional empático y positivo de por medio, es decir, el ego, solo ejecuta una rutina de comportamiento, mientras que el alma intenta ser "buena" con todo lo que vive y con todo lo que interactúa porque su función principal es la de experimentar el mundo a través de las vivencias nacidas de la interacción con las almas de otros humanos, así que el alma entiende que esto es un juego, una simulación y una escuela, y, como tal, se comporta de manera que la "amabilidad álmica", para que me entendáis, esté siempre presente en la interacción humana. Y quien habla de amabilidad, habla de amor, empatía y todas esas cualidades positivas de las que hablamos cuando alguien dice de otra persona que era un "magnífico ser humano". De hecho, todos somos magníficos seres humanos, estamos diseñados para que así sea, simplemente nos han colocado tantos programas de comportamiento automáticos que cuando el alma intenta desconectarlos para que no interfieran, no siempre lo tiene fácil y no siempre lo consigue.

Y ¿cómo se hace ese intento de desactivación y ese intento de conducir en modo manual? Pues a partir de los centros de control a los que el alma tiene acceso mediante la conexión de todos los cuerpos sutiles por el cordón dorado y el cordón de plata, de manera que, enviando "pulsos" y paquetes de datos codificados desde el cuerpo álmico hacia la mente, hacia la estructura inferior que gobierna, intenta que sean sus órdenes y peticiones, y no las del programa ego o los programas de gestión automática de la psique los que sean ejecutados. Estos paquetes de datos y pulsos son recibidos por el centro espiritual inferior, enviados por el sistema nervioso autónomo al neocórtex, y de ahí hacia la mente, de manera que el programa ego y sus automatismos reciben diferentes paquetes y órdenes y depende de la fuerza, potencia y capacidad de estas instrucciones el sortear la programación base de todo ser humano, de forma que se puede llevar a cabo de manera más o menos fácil la interacción del alma con el resto de cuerpos inferiores.

Por lo tanto, el alma tiene la capacidad de dirigir todo el vehículo que le ha sido dado y tiene a su vez la capacidad de almacenar todas las vivencias que este vehículo y avatar le proporciona. Es cuestión que consigamos que, por la fuerza de voluntad que poseemos en lo más profundo de nosotros mismos, cada vez que nos demos cuenta de que hemos caído en un estado de inconsciencia y que hemos perdido la capacidad de auto dirigirnos desde el cuerpo álmico, volvamos a darle las riendas conscientemente, desactivando temporalmente los mecanismos de pilotaje automático y dotando a nuestra consciencia de un poco más de poder para regir nuestras vidas con más fuerza en cada momento.

13.   Los procesos postmorten, qué sucede con el ser humano, los cuerpos sutiles y el alma en los planos superiores de la Tierra al fallecer el cuerpo físico

Puesto que llevamos varios capítulos hablando del alma, y el alma es aquello con lo que solemos identificarnos cuando no estamos interpretando el personaje que escogemos para cada encarnación, en lo que normalmente todos conocemos con el nombre de los "periodos entre vidas", toca ahora, pues, explicar qué sucede cuando nos quitamos el traje del avatar que llevamos puesto lo que dura una de nuestras existencias, y qué sucede mientras nos preparamos para la siguiente.

Hemos de explicar que el tiempo es simultáneo, por lo que todas nuestras encarnaciones están sucediendo a la vez, pero dejaremos esta explicación que es algo más compleja de entender a nuestra programación y forma de concebir el tiempo para más adelante y seguiremos hablando de un proceso lineal, tal y como estamos acostumbrados, en el que tenemos una vida, la interpretamos, fallecemos, dejamos toda la estructura física y energética inferior, pasamos un tiempo de descanso en algún sitio, volvemos a prepararnos para otra nueva experiencia terrenal y volvemos a empezar de nuevo con el mismo ciclo y el mismo bucle, en lo que el budismo y filosofías orientales denominan "la rueda del samsara".

Este proceso, comúnmente conocido como reencarnación, tiene una base real pero una parte semi distorsionada por la cantidad de manipulación imbuida en el inconsciente colectivo por parte de las decenas de sistemas religiosos presentes en el planeta, y que han copado todo el conocimiento de la humanidad sobre los procesos post-morten, ya que, realmente, no muere nada, en el sentido de algo que desaparezca y no esté presente nunca más, sino que más bien es una transformación, una salida de un nivel del juego, un descanso en un nivel superior, una preparación para la siguiente partida, y una vuelta al plano físico para volver a empezar otra vivencia.

Pero el miedo a la muerte es el miedo, o uno de ellos, más profundamente imbuidos en la psique del ser humano desde tiempos inmemoriales, con lo cual, instintivamente, nos es muy difícil sustraernos a la influencia subconsciente que tiene este proceso de la muerte sobre nosotros. El porqué de este miedo tiene su raíz y origen en la instalación del programa ego en la psique de los primeros "modelos" de homos que fueron creados, y que los sumerios denominaron Manus y Lhulus, ya hablaremos de ellos más adelante también, a los cuales se les manipuló para someterlos a sus creadores, los dioses de la antigüedad, miembros de las diferentes razas y grupos que crearon al ser humano, y, a partir de ahí, introduciendo toda la programación que le haría poder ejecutar los procesos mentales y de gestión de la realidad de forma automática que hemos estado comentando.

Por lo tanto, con la introducción del programa ego en la psique, y la opacación de la consciencia del Yo Superior en el centro de la esfera de consciencia, al ser humano se le obligó a mantenerse siempre en estado de "supervivencia", es decir, siempre buscando la manera de sobrevivir anticipándose a cualquier posible peligro potencial que pudiera suponer una amenaza a su integridad, tanto real como imaginaria. Como la muerte realmente es una amenaza para el programa ego, pues el fallecimiento del cuerpo físico y la desaparición de las estructuras mentales de cada personaje que interpretamos representa el final de la programación y de los componentes artificiales que poseemos, el miedo a la muerte se halla insertado y anclado en lo más profundo de nuestras estructuras subconscientes, ya que significa el fin de todo lo que estas estructuras representan, el programa de autogestión de la realidad y el fin del piloto automático que rige nuestras vidas, como ya hemos visto.

Así, el alma, que no tiene miedo a morir porque jamás lo ha hecho, porque no muere, porque, en cierto modo, es "eterna", aunque no sea del todo correcto esta afirmación y luego veremos porqué, tiene total tranquilidad, seguridad y confianza en los mecanismos que la llevan a imbuirse en un cuerpo físico, experimentar con él y luego salir del mismo y dejar que todas sus partículas constituyentes se disipen de nuevo en el éter de la Creación para servir de base a otros tipos de vida y formas en la misma.

Así, cuando hemos dicho que el alma es casi "eterna", es porque, primero, ha tenido un origen, ¿de dónde sale un alma? ¿Cómo se forma? Pues hay dos orígenes posibles para el cuerpo álmico que poseemos. La primera, la creación del mismo por el Yo Superior en el momento en el que este desea tomar conexión y enlazar con un avatar humano, es decir, si un ser, un Yo Superior, un orbe de consciencia es requerido para guiar y monitorizar a un ser humano, imaginémoslo hace miles de años en las primeras apariciones de nuestra especie, este ser o Yo Superior no podía hacerlo sin un cuerpo de enlace intermedio entre el vehículo físico y él mismo, por lo tanto, el cuerpo de enlace alma, en esta circunstancia, es creado por el propio Yo Superior usando la energía consciente de los planos internos de la Tierra, dotándola de consciencia usando su propia energía, es decir, usando la configuración de sus mónadas cuyo aspecto consciencia y energía están altamente desarrollados, y ubicando el cuerpo álmico en posición de gestión y control del resto de la estructura humana. Por lo tanto, en una alta cantidad de casos, el alma humana que poseemos ha sido creada por nuestro propio Yo Superior con unas características determinadas y con unas cualidades y potenciales adecuados al trabajo que ha de realizar, todo lo que hemos explicado y visto en el tema anterior.

Por otro lado, un alma puede terminar animando un cuerpo humano proviniendo del reino animal. Es decir, que el equivalente a la porción de energía que hace de alma para algunas de las especies más avanzadas del reino animal puede individualizarse y ganar suficiente potencial para, entonces, pasar a convertirse en el alma de un cuerpo físico humano e iniciar con este toda una nueva andadura evolutiva, guiados y regidos por un Yo superior que se enlaza con ambos para hacer de conexión con la Fuente, jerarquías y planos superiores de la Creación.

¿Y cómo funciona el tema de las almas en los reinos de la naturaleza? Como muchos sabéis, minerales, plantas y animales no poseen almas individualizadas como en el caso del reino humano, ya que están formadas por estructuras energéticas algo más simples y cuyas necesidades evolutivas son regidas y guiadas desde una mente grupal, que monitoriza y proporciona a cada especie y clase de mineral, de planta o de animal, del equivalente al alma humana, pero a nivel de grupo. Por lo tanto, todos los cuarzos o ágatas se encuentran conectados a su propio campo mental consciente, ubicado en la parte baja del plano mental, todas las plantas, flores, árboles, arbustos y vegetales se encuentran conectados a sus propios campos grupales, campos morfo genéticos o mentes grupales, y de igual manera lo hacen todos los animales.

¿De dónde sale entonces un alma humana si no hay ningún alma individual en ninguna especie de los otros reinos de la naturaleza? Sale de las especies que están evolutivamente hablando más avanzadas en la Tierra, que son gatos, perros, monos, caballos y elefantes en el reino "terrestre", y cetáceos, delfines, ballenas, en el reino "acuático". Estas especies animales, poseen un equivalente al cuerpo mental humano con un grado de desarrollo mucho más elevado que, por ejemplo, pingüinos, ardillas o ciervos, y un recubrimiento que proviene del alma grupal que les dota de una cierta individualidad, haciendo algo parecido a la función del cuerpo causal para el ser humano, que ellos no tienen.

Por lo tanto, este cuerpo semi-causal o cuasi-causal, es lo que sí que se puede separar de una de estas especies al fallecer uno de sus miembros, y un Yo Superior puede usar el cuerpo cuasi-causal animal para envolver un cuerpo físico y su sistema energético básico y enlazar con todo el conjunto, dando lugar a un nuevo ser humano cuyo cuerpo álmico proviene de una de las especies animales más avanzadas del planeta.

Así es como básicamente se forma el alma que poseemos, es decir, o ha sido creada directamente por el YS, o ha evolucionado y ha sido "recogida" de la estructura energética de alguna de las especies animales mencionadas, con la diferencia obvia de que, en este segundo caso, ese alma tiene un potencial mucho menor que en el primer caso, pues no ha sido creada por ningún ser sino que tiene que avanzar y crecer a un ritmo lo suficientemente grande para que su YS le pueda preparar lecciones y aprendizajes acordes a las posibilidades evolutivas de este planeta, algo que, para un alma creada directamente, ya es más fácil de empezar a trabajar, pues nace con un potencial evolutivo mucho mayor.

Aun hoy en día, existen personas en el planeta con almas "básicas", sin que sea negativo o peyorativo, pero es indicativo de nivel evolutivo menor o más básico, ya que esa alma ha sido graduada de reinos inferiores y aún le queda mucho camino por recorrer en sus procesos de aprendizaje. De la misma manera, existen personas en el planeta con almas tremendamente avanzadas, porque, ya desde su creación, fueron dotadas de un potencial enorme por su YS para las diferentes funciones que se le tenían preparadas dentro de los procesos de aprendizaje y experimentación de la realidad humana en la Tierra.

Bien, sea como sea, ya vemos que el alma ocupa la posición que le corresponde en la estructura del ser humano y que entra y sale del juego de la vida con relativa facilidad. ¿Cómo funciona esta entrada y esta salida? ¿Cuáles son los pasos o protocolos que se han de dar para poder desconectar de un avatar o conectarse a otro nuevo? Vamos primero con la desconexión y luego con la reentrada.

Todos sabemos que llega un momento en el que el avatar, el cuerpo que usamos ya no tiene fuerzas ni está en condiciones de seguir sosteniendo la vida y seguir dotándonos de las posibilidades para seguir experimentando las lecciones de esta escuela. Las razones ya las hemos visto, estamos programados para durar una serie determinada de años y, margen arriba margen abajo, todos más o menos vivimos unas pocas décadas en cada encarnación, dependiendo de cuanto hayamos cuidado el cuerpo, la mente y su sistema energético para evitar el deterioro temprano y la perdida de facultades antes de que llegue el momento de que se active la "obsolencia programada" de la que ya hemos hablado.

Cuando el Yo Superior y el alma ven que ya está llegando el momento de abandonar el cuerpo que han dirigido durante esa vida, se producen una serie de preparativos antes del fallecimiento para terminar de dejar registrados y archivados todo el conjunto de lecciones y aprendizajes que hemos obtenido, de manera que no se pierda ni se quede a medias nada que estemos aún procesando. Esto hace que, a veces, a pesar de estar en nuestros últimos momentos, sea necesario mantener el cuerpo físico con vida, pues energéticamente aún se están procesando, terminando y completando algunas octavas y procesos energéticos que son muy importantes que finalicen antes de proceder a la desconexión final.

Una vez todos los procesos físico-energéticos se han completado para la vida en curso, el Yo Superior da la orden al alma de desconectar el cordón de plata del átomo simiente del corazón, que, recordemos, hemos estudiado en los primeros capítulos del libro. Este átomo simiente es la "caja negra" de información y la "centralita" a través de la cual los sistemas de información y retroalimentación de datos discurrían para la parte físico-energética de nuestro avatar. Por lo tanto, el alma "estira" energéticamente del cordón de plata, y este se desconecta del ventrículo izquierdo del corazón en el cuerpo 1.2, pues el cordón de plata es un enlace e hilo energético, y, por lo tanto no está conectado al cuerpo material más denso 1.1 sino al siguiente sub-cuerpo físico. El átomo simiente del corazón, entonces, se engancha al cordón de plata, sube por el llamado nervio vago, y este sale por la apertura de la cabeza conocida como la fontanela para recogerse en el cuerpo etérico, donde el átomo simiente del corazón se ubica junto al átomo simiente etérico para poder proceder con su protocolo de desconexión.

Una vez hecho esto, el cuerpo físico ya puede ser descartado sin problemas, el cordón de plata en ese momento se expande enormemente en diámetro, convirtiéndose en lo que popularmente se conoce como "el túnel de luz", que no es otra cosa que un conducto energético que permite al alma salir del plano físico por su interior, hacia los planos superiores de la estructura del planeta. Por lo tanto, este túnel de luz siempre es una salida natural y normal que todos nosotros usamos para entrar y salir desde una encarnación o hacia una nueva encarnación, pues es nuestro cordón de plata el encargado de darnos el canal para ello. Una vez el alma ha salido y se encuentra ya atravesando el plano etérico, da la orden también de deshacerse del cuerpo etérico, es decir, ya que el cuerpo físico ahora ya descansa en el plano físico, y tarde o temprano sus partículas serán descompuestas y disueltas de nuevo en el sustrato material físico, ahora el cuerpo etérico ya no le es necesario tampoco al alma, pues su única función radica en la protección y envoltura del cuerpo material y denso que ahora ya no existe. Por lo tanto, el cuerpo etérico es igual de efímero que el cuerpo físico, dura lo que dura la encarnación, día más día menos, y a partir de aquí el alma lo abandona en el plano etérico para que se disuelva por si solo en sus partículas constituyentes, un proceso que puede tardar entre tres y cinco días, dependiendo de la estructura, solidez y estado de fortaleza del mismo.

En este momento, el alma se encuentra en la parte superior del plano etérico, revestida por el cuerpo causal, el cuerpo emocional y el cuerpo mental, y lleva consigo los dos átomos simiente de los dos cuerpos que ya ha desechado, el cuerpo físico y el cuerpo etérico.

A continuación el alma asciende, guiada por el Yo Superior y por una cantidad enorme de seres que trabajan asistiendo al ser humano en el proceso de entrada y salida, hacia el plano mental, en su parte inferior, donde se encuentran ubicadas unas estructuras y "lugares", energéticamente hablando, que permiten al alma realizar un proceso que se conoce normalmente como la "revisión de vida". Este proceso lleva al alma a "vaciar" su archivo de memorias para revisarlas, y, de esta manera, visualizar, por decirlo de alguna forma, todo lo que ha sucedido en la encarnación que acaba de dejar atrás. En este archivo de memorias, ubicado en una de las facetas del alma que hemos visto antes, y que tiene capacidad para ejecutar esta función de "disco duro", se encuentran grabadas cantidades ingentes de experiencias, situaciones, eventos y vivencias, y no todas ellas son igual de importantes en el camino y proceso evolutivo que nos ha de llevar hacia niveles superiores en la estructura de la Creación. Por lo tanto, en esta primera revisión de vida se hace una criba de todo aquello que puede ser descartado, no tiene sentido, por ejemplo guardar en tus archivos "evolutivos" si un día desayunaste pan o desayunaste cereales, pero ojo, no es que esta información se borre, se almacena en los átomos simiente y ahí sigue para toda la eternidad, pero no tienen por qué formar parte de las experiencias evolutivas que el alma guarda en sí misma para su repositorio de datos de su camino evolutivo. Así pues, una vez hecha la primera criba, se repasan todas las situaciones vividas, se analizan aquellas que estaban destinadas a proporcionar una enseñanza más importante, que estaban relacionadas con puntos de destino, con experiencias pre-programadas, con acuerdos entre otras almas, con todo aquello que el Yo Superior deseaba que fuera experimentado, etc. Y una a una estas experiencias se van trabajando, sanando las heridas emocionales, eliminando formas mentales y energéticas negativas asociadas a ellas, y dejando solo el aprendizaje sin el componente emocional que pudiera también haber quedado registrado. Como veis, lo que se hace aquí es una primera sanación energética del alma que tiene como objetivo reducir la carga emocional, mental y causal que lleva encima, dejar que esta integre las experiencias y aprendizajes, y soltar lastre de todo aquello que pueda ser ya eliminado.

Una vez se completa este proceso, entonces el cuerpo emocional que había estado con el alma durante toda la vida anterior se desintegra, es decir, el alma "se lo quita" y sus partículas constituyentes vuelven al "éter de la Creación", liberando a las mónadas que formaban ese cuerpo emocional de su función asignada hasta el momento, y permitiendo que sean usadas para cualquier otra construcción energética en cualquier otro punto del universo.

Así, en este punto del proceso, el alma posee solo el cuerpo causal y el cuerpo mental, más los átomos simiente del cuerpo físico, del cuerpo etérico y del cuerpo emocional que siguen guardando en su interior hasta el más mínimo detalle de la vida de la persona que hemos tenido durante la encarnación que acabamos de dejar atrás.

A continuación, el alma vuelve a "ascender", esta vez a una zona de la parte alta del plano mental, donde se produce un "repaso" de las lecciones y aprendizajes que estaban destinados a esta encarnación pero que han quedado algo en el "aire", no se han completado, han sido distorsionadas o han quedado sin poderse vivir, de manera que, por decirlo de alguna manera, todas estas experiencias se vuelven a poner en la lista de cosas para la siguiente encarnación, y, entonces, el alma desecha, una vez completado el proceso, el cuerpo mental por completo, soltándolo en el plano mental y dejando que se disuelva tranquilamente.

En estos momentos, el alma ya está solo revestida del cuerpo causal, y posee anclados a ella los cuatro átomos simiente de los cuatro cuerpos inferiores que ya se han desintegrado. Y bien, ¿ahora qué? El alma ahora posee para si un periodo de descanso, entendido como un periodo en el que el tiempo es percibido ligeramente diferente a como se percibe en el plano físico, aunque existe un ciclo que nos ayuda a entender cuanto tiempo pasamos en el llamado "periodo entre vidas".

Este ciclo, llamado el ciclo del alma, es algo así como los biorritmos del cuerpo que tenemos, el ciclo emocional de 28 días por ejemplo, el ciclo físico de 18 días, etc., en los que cada X días, estamos en nuestro punto más alto de vitalidad y energía y, por el contrario, también pasamos por su parte más baja y débil. Pues el alma tiene este ciclo de entrada y salida de encarnaciones y su duración aproximada es de 144 años. ¿Cómo se sabe o se calcula eso?

Si recordáis la ley de las octavas que hemos mencionado en las primeras páginas del libro, una octava son siete notas, más los puntos de choque mi-fa y si-do, más las notas "sostenidas", las teclas negras del piano. Por lo tanto, el proceso conocido como una octava dependiendo de la división energética que hagas de la misma puede tener 7 pasos o puede tener 9 o puede tener 12, si solo tomas las 7 notas principales, o si tomas las notas con los semitonos, por ejemplo.

En general, toda la octava del ciclo de vida del alma se rige por 12 etapas, es decir, el tiempo se mide por los 12 pasos que el alma energéticamente ha de cumplir para empezar una vida en el DO, pasar al DO#, seguir con el RE, pasar al RE#, seguir al MI, etc. Y no puede volver a encarnar hasta que no se encuentre, energéticamente, en el DO final de la octava que le corresponde y que le lleva a empezar otra nueva, equivalente a otra vida, otra encarnación. Como estos procesos en tiempo lineal son muy largos, en general, cada una de las doce etapas energéticas a su vez se divide en 12 sub-etapas o sub-procesos, y aproximadamente, cada una de estas sub-etapas tiene una duración de un año terrestre. Por lo tanto, 12x12, 144 sub-etapas evolutivas en el ciclo del alma y una duración de más o menos 144 años para completarlas.

Entonces, ¿qué sucede si el avatar y el personaje que estamos interpretando ahora mueren por ejemplo en la nota SOL de la octava y ciclo del alma? Que entonces el proceso entre vidas es más largo que si el alma fallece en la nota SI, o LA, ya que, al no poder encarnar de nuevo hasta que su proceso evolutivo no llegue al DO siguiente, el alma pasa la mitad de su octava o una parte de ella en el plano físico, y la otra parte, la que le toque "esperar", en los planos no físicos.

Esto hace que el llamado periodo entre vidas sea diferente para cada persona, pues dependiendo la cantidad de años físicos que hayas vivido y la intensidad y velocidad energética de las notas que han guiado tu experiencia terrenal, quien muere "joven" en una nota inicial de la octava, luego tiene que esperar más "tiempo" en el plano mental a que llegue el final del ciclo para poder tomar otro avatar y empezar la octava de nuevo al final de esos 144 años.

Bien, este es el caso general, y así se rigen la mayoría de almas en el planeta, lo que les proporciona un periodo de descanso, de aprendizaje, de colaboración con otras almas, de servicios y apoyo a otros seres que existen en estas estructuras superiores de nuestro planeta, etc. Pero también puede suceder que un Yo Superior decida romper las reglas y no esperar hasta el final del ciclo para volver a pedirle al alma que encarne, y esta, que sigue manteniendo su libre albedrío, si lo acepta, entonces se cancela el tiempo de espera, se disipa o termina el proceso de la octava anterior energéticamente, y el alma inicia antes de lo que de manera natural le tocaría, una nueva encarnación.

¿Por qué se haría esto? Por las necesidades evolutivas de esta misma alma, por la urgencia de entrar en un momento determinado del espacio y del tiempo para aprovechar alguna coyuntura en el plano físico por la situación de la humanidad en esa momento histórico, para poder compaginar tu encarnación con la de otras almas afines con las que deseas compartir experiencia terrenal, etc., así que, al final, todo depende de la voluntad y deseo de ese alma de esperar hasta el final a cuando le toque entrar de nuevo, o de las ganas de hacerlo más rápidamente cuando se presente la oportunidad para ello.

Sin embargo, el alma ahora tiene un problema: no tiene la estructura adecuada para poder entrar directamente en un nuevo avatar, un nuevo cuerpo físico que está gestándose en el vientre de algún ser humano que va a ser la madre del nuevo personaje que va a tomar para esta nueva vida. Así que necesita volver a crear todo lo que anteriormente había desechado, y esto lo hace con ayuda de seres de esos mismos planos que habíamos mencionado que asisten al alma humana en los procesos de encarnación. Por lo tanto, el alma con el cuerpo causal se reviste de un nuevo cuerpo mental, que se dota de las características, conocimientos e información necesarios para poder llevar a cabo la nueva misión, con el conocimiento de todas sus otras vidas anteriores almacenado en la capa subconsciente de este mismo cuerpo mental, y con el átomo simiente mental que se vuelve a colocar sobre este nuevo cuerpo portando toda la información no solo de la vida anterior, sino de todas las demás. Se imbuyen también los programas, protocolos y trabajos a realizar en la nueva vida, la información sobre los acuerdos con otras personas, otras almas, el plan u hoja de ruta evolutiva planificado, y la mayor parte de los detalles que se puedan llegar a planificar de antemano, pues, como luego veremos, una vez dentro del avatar y nuevo personaje, todo cambia, o puede cambiar, y muchas de las cosas pre-planificadas no se llevan a cabo por el libre albedrío de la persona y porque los programas automáticos de ese cuerpo hacen que el alma no pueda conducir su encarnación exactamente hacia donde le gustaría, sino que, muchas veces, se encuentra con que su personaje va por libre y no le hace ni caso, encontrándose en la disyuntiva de adaptar sus planes y ruta a las decisiones que, en muchos casos, toma la programación estándar del ser humano sin tener ni idea de si está acorde a su plan evolutivo, bien mayor y necesidades de aprendizaje.

Una vez el alma ya posee el cuerpo mental, hace lo mismo con el cuerpo emocional, construido con la base energética del plano etérico que proporciona el sustrato para la gestión emocional del ser humano. Una vez este cuerpo emocional está listo, se construye y dota al alma del cuerpo etérico, insertando a su vez el átomo simiente emocional en el nuevo cuerpo emocional y el átomo simiente etérico en el nuevo cuerpo etérico.

Y ahora sí, esa alma ya está lista para poder encarnar en el nuevo cuerpo que sigue gestándose en el vientre materno. Pero como este aún no está listo ¿qué hace el alma mientras tanto? ¿Entra ya en el mismo? En la mayoría de los casos no lo hace, de hecho, en general, el alma no toma posesión completa del cuerpo hasta la primera inhalación del bebé, la primera respiración que permite al alma ser inhalada hacia el interior por el cordón de plata y entonces ubicarse en su posición de controladora del sistema físico y cuerpos sutiles.

Lo que sí que hace el alma, una vez tiene el cuerpo etérico listo, es proyectar o enviar su cuerpo etérico hacia el útero de la madre, de manera que las células del futuro cuerpo físico estén ya revestidas del envoltorio etérico diseñado por el alma para la nueva encarnación. Mientras tanto, mientras el cuerpo del futuro bebé va creciendo, el alma lo monitoriza constantemente a través de los pulsos y paquetes de datos que recibe por el cordón de plata, que ha sido conectado desde el primer momento por el Yo Superior para poder seguir vigilando el desarrollo del avatar que ha de ser ocupado.

El proceso de conexión del cordón de plata es pues una función del Yo Superior, así como la orden de desconexión del mismo viene de este, de manera que, en el momento en el que el óvulo es fecundado por el espermatozoide, el Yo Superior ejecuta la conexión del cordón de plata y ya, desde la primera célula de ese futuro cuerpo, el cordón de plata está conectado al alma, al Yo Superior y a toda la estructura energética que será luego usada para la nueva experiencia terrenal. A partir de aquí, el proceso es idéntico, el alma entra, se acopla y amolda al cuerpo, y empieza el proceso de intentar tomar los mandos del mismo, luchando contra la programación y los automatismos y tratando de llevar las riendas del personaje escogido por ella misma para la nueva partida del juego.

Esto último también es importante, ¿escogemos todos los parámetros de una vida? Todos los que se puede, es decir, se escoge de antemano quienes serán nuestros padres, porque se realizan acuerdos entre almas para ello, se escogen los familiares y allegados, los papeles que interpretarán cada uno de ellos en esta nueva encarnación, se escoge el turno de entrada, pues evidentemente el alma que ha decidido hacer de madre para esta vida tiene que entrar en el entramado espacio-temporal varios años antes de que entre el alma que ha decidido ser el hijo o hija, se escoge entre todo el grupo de almas que trabajan juntas el lugar más idóneo de la geografía física para tener la nueva vida, se escoge la época histórica más adecuada para iniciar otra encarnación y se escogen las lecciones y aprendizajes que, el conjunto de almas, va a repartirse y apoyarse para trabajar a lo largo de esas pocas décadas que estarán en esa "obra teatral" que supone cada una de nuestras encarnaciones.

¿Se puede escoger una época histórica anterior a la época histórica que has dejado atrás? Si, se puede, esto supone, evidentemente, que podemos volver atrás en el tiempo, y que ahora que acabo de salir de una vida en el siglo XXI decido en mi próxima vida que me voy con mi grupo de almas a la Grecia clásica. Esto es posible debido a lo que hemos mencionado anteriormente, la simultaneidad del tiempo, de manera que, desde un cierto punto de vista y desde una cierta posición evolutiva, se puede trabajar, ver y percibir todos los momentos históricos sucediendo a la vez, como si estuviéramos en un concierto donde hay decenas de escenarios, y en cada escenario hay una representación musical o teatral diferente, en la que en una los personajes se encuentran vestidos de vikingos, en otra se encuentran con un decorado en la Roma antigua, en otra están en la China medieval y en otra en el Nueva York moderno, pues cuando el alma y su grupo deciden ir de un concierto a otro, habiendo pasado el último tramo evolutivo en el escenario del Nueva York moderno no hay nada que les impida entrar en la siguiente vida en el escenario de la China medieval, que está al lado, pero que, cronológicamente hablando, por aquellos que están subidos en cada uno de los escenarios, están sucediendo o bien en su pasado, o bien en su futuro, y, por lo tanto, ninguno de los actores recuerda nada de lo que ha vivido en los escenarios adyacentes de otras épocas históricas porque la configuración mental del avatar que están usando se lo impide.

¿Es común entonces entrar y salir hacia adelante y atrás en el tiempo? No demasiado, pues debido a que el alma considera y es consciente de la percepción lineal del tiempo en cada una de sus encarnaciones, normalmente se decide seguir el flujo energético de la percepción humana del mismo, es decir, el alma, viendo todos los escenarios históricos simultáneamente activos desde su posición en la parte alta del plano mental, tiende a irse siempre a aquel escenario o momento histórico que sigue al último momento histórico en el que dejó a su ultimo personaje, ya que así, la psique y el cuerpo mental que van a usar, también almacenará en orden cronológico según la percepción lineal del tiempo humano, el cúmulo de experiencias y vivencias que se tiene en cada vida.

Finalmente, si el alma puede escoger cuándo y dónde entrar, ¿Cómo es posible que se escojan vidas tan complicadas, con tanto sufrimiento, con tanto dolor, con tantas penurias? Es algo muy difícil de entender, pues si existen todo tipo de realidades posibles en el planeta, ¿por qué íbamos a escoger una en la que no somos felices, no estamos rodeados de abundancia y no vivimos en la mejor de las situaciones posibles en este mundo?

Por varias razones, primero, el nivel evolutivo del alma marca el nivel de realidad máximo al que puede acceder, así que, de alguna manera, el trabajo anterior que cada alma haya realizado le proporciona la capacidad de sintonizar con escenarios de una frecuencia o de otra, y, como hemos explicado, debido a la manipulación del sistema de vida en la Tierra y debido a la manipulación genética sufrida por el ser humano por razas de fuera, existen muchos escenarios muy complicados en el planeta para una nueva encarnación que, por otro lado, aunque a veces no haya más remedio que escogerlos por la situación evolutiva de ese alma, presentan una de las inyecciones de avance espiritual más altos que se puedan adquirir en este planeta. Luego, la otra razón por la que las cosas "se tuercen" y terminamos viviendo vidas que distan mucho de ser lo idílicas que nos gustaría, es por la programación y manipulación de la sociedad en la que vivimos, a la que el alma tiene una capacidad limitada para oponerse. Finalmente, el mismo libre albedrío de la personalidad que va escogiendo situaciones que no le convienen, que no están acordes a su bien mayor y que podría evitar de no estar al mando del conjunto el programa ego sino las partes superiores del ser humano, impiden que, de alguna manera, este juego sea más benévolo para una parte muy importante de la humanidad.

En todos los casos, repetir algo que hemos dicho antes, nada muere, pues lo que somos realmente perdura vida tras vida, y solo el envoltorio es algo que es efímero y de quita y pon, por esta razón, el miedo humano a la muerte es un miedo irracional, por desconocimiento, por programación y por la falta de recuerdos de todo lo que hemos vivido anteriormente.

La salida de cada partida de este juego es vivida, casi siempre, como una liberación, algo así como fichar en el trabajo en el momento en el que se acaba tu jornada laboral para volver a casa a disfrutar del descanso merecido, porque "a casa" es donde realmente volvemos al salir de cada encarnación, ya que, "ahí arriba", en el sentido figurado, es donde se encuentra el verdadero hogar que abandonamos para poder venir "aquí abajo" y pasar una temporada siendo quienes somos ahora, y haciendo lo que ahora estamos haciendo.

14. La simultaneidad del tiempo y la percepción no lineal desde el punto de vista del YS y del espíritu de los procesos evolutivos y encarnativos en la Tierra

Una vez vistos los procesos de entrada y salida de lo que llamamos la "reencarnación" completemos este tema con la explicación de algo que hemos mencionado brevemente en las páginas anteriores, que el tiempo no es lineal, y que todas nuestras vidas están sucediendo a la vez.

Esta afirmación, ya de por sí, es completamente contradictoria respecto a la explicación que acabamos de dar, pues hemos ido mostrando los pasos uno por uno y la secuencia de eventos que nos suceden desde que salimos de una vida y entramos en otra, además de haber explicado el ciclo del alma de 144 años como el tiempo que se tarda, de manera estándar y general, entre que se empieza una nueva aventura en el juego de la existencia humana y se vuelve a empezar la siguiente. Por lo tanto, a nuestra concepción, entendimiento y programación mental, le cuesta entender que esta explicación lineal es solo una aproximación de lo que realmente sucede, y qué, en verdad, y como hemos dicho, todo está sucediendo a la vez y todas nuestras encarnaciones están activas en paralelo en las diferentes épocas históricas en las que hemos decidido encarnar.

Intentemos explicarlo de la manera más sencilla posible. Imaginaros un CD de música, o un disco de vinilo, imaginad o coged uno que tengáis en casa y observad como todas las canciones están grabadas simultáneamente en el disco, y como toda la música que contiene ya "está ahí", toda a la vez, cada canción en una pista sin solaparse ni molestar al resto de canciones, siendo estas completamente independientes y sin necesidad de que una canción sepa lo que hay en las otras.

Si ahora imaginamos que lo que está grabado en el CD no son canciones musicales sino que cada pista corresponde a una de nuestras vidas, entonces veremos o podremos imaginar que el contenido de cada pista ya está simultáneamente co-existiendo con el contenido de cada una de las pistas del conjunto del disco, estando todas a la vez grabadas en el soporte de vinilo y todas co-existiendo simultáneamente unas con otras.

Esta analogía del CD nos sirve para entender que, en los tres planos inferiores de la estructura de la Creación, es decir, en el plano físico, etérico y mental, todos los posibles eventos de todas las posibles manifestaciones de todos los posibles seres de toda la Creación, están coexistiendo a la vez simultáneamente, en un eterno "ahora", y que ese eterno "ahora" contiene toda la suma de probabilidades de manifestación de cualquier tipo de experiencia que se pueda llevar a cabo en una vida para el ser humano, en nuestro caso.

Veámoslo con otro ejemplo. Imaginemos un comic, un tebeo de los de nuestra infancia (o no tan infancia) y veamos que cada viñeta corresponde a un evento estático de la historia que los personajes están viviendo, y que, nosotros, desde fuera, vemos como momentos estáticos co-existiendo unos con otros simultáneos todos en las páginas del comic. Así, ahora imagina que cada uno de los instantes de tu vida es una de esas viñetas del comic, existiendo a la vez con cada uno de los demás instantes que están también en ese comic, dibujados, pero no solo de forma lineal para que de una viñeta se pase a la siguiente en una sucesión donde solo cabe una posibilidad de "avanzar" (solo puedes ir de la viñeta 1 a la viñeta 2 en un orden de lectura secuencial) sino que, en realidad, todos los eventos de tu vida existen como "imágenes estáticas" hacia delante y atrás en el tiempo, hacia los "lados", hacia todas las posibilidades que cada viñeta permita al enlazar con la siguiente y con otras. Así, por ejemplo, si ahora vas a la cocina a comerte una manzana, el evento en el que te levantas de la silla es una imagen estática de una duración ínfima, que conecta con el evento estático en el que das el primer paso, otra imagen estática de duración ínfima, que conecta con todos los movimientos que has de hacer para llegar a la cocina, en todas las posibilidades que tienes para ello, es decir, una viñeta te lleva por un lado del comedor y otra viñeta te permite ir por el otro lado. De esta manera, toda la existencia de toda la humanidad y de todos los seres

237

que existen en los tres planos más bajos de cada planeta y de cada parte de la Creación, tienen todos los eventos, situaciones, movimientos y posibilidades ya mapeadas y manifestadas simultáneamente, en todo el enorme conjunto de micro movimientos y eventos que se han de dar para que tú te levantes de la silla, vayas a la cocina, te comas la manzana y no te hayas dado cuenta que has recorrido unas pocas miles de viñetas estáticas que se han sucedido una detrás de otra a una velocidad increíble, para darte la ilusión de que el tiempo pasa hacia adelante, desde el momento en el que estabas aún sentado hasta el momento en el que ya has mordido esa manzana.

Esto quiere decir, por otro lado, que sigue existiendo una imagen estática en la que sigues aún sentado, y una imagen estática en la que estás levantando el primer pie para ponerte en marcha hacia la cocina, y existe una imagen estática en la que has dado ya el primer paso, sin embargo, para tu consciencia, esos micro eventos forman parte del pasado, por lo tanto, ¿cómo es posible que yo aún siga sentado si hace media hora que he digerido la manzana?

Nada fácil de entender por supuesto, pero es así en todo caso como funciona la realidad. Todo fue proyectado, diseñado y co-creado en el momento en el que el planeta Tierra se puso en marcha como escuela evolutiva, con la salvedad de que nuevas viñetas estáticas se van añadiendo al "comic de la vida" con la incorporación de nuevas "consciencias" al mismo.

¿Qué significa esto? Que es, como podéis suponer, la consciencia humana la que genera la ilusión del tiempo, pues si no fuera así, ¿cómo podríamos percibir y entendernos y guiarnos por la vida si no tuviéramos una referencia temporal para los eventos que nos han de suceder? Para entenderlo, volvamos a la explicación de la esfera de consciencia que ya vimos en capítulos anteriores.

Habíamos dicho que nuestra esfera de consciencia es capaz de interactuar con hasta cinco dimensiones espacio-temporales simultáneamente, de ahí que digamos que nuestro torus de consciencia es pentadimensional, y habíamos dicho que esta esfera de consciencia existe como parte del cuerpo mental pero está ubicada en una zona especial del plano mental desde donde el ser humano se hace "consciente", su personalidad, de los eventos de su realidad física y etérica.

Por lo tanto, nuestra esfera de consciencia no está en nuestro cuerpo físico, no está ni siquiera en el plano físico ni etérico de la Tierra sino fuera de ellos, en el plano mental. Desde la posición del plano mental en el que está ubicada la esfera de consciencia, se tiene la misma visión de la realidad que tiene una persona leyendo el comic, es decir, se encuentra la consciencia fuera del entramado de las viñetas con los diferentes sucesos estáticos que están ya "manifestados" y "dibujados" para cada ser humano en todas sus posibilidades y futuros y potenciales en la vida, que son cientos de miles, sino millones. Así, desde esta posición, la esfera de consciencia de la persona va

239

"conectándose" y "leyendo" viñeta a viñeta, evento estático a evento estático, cada uno de los micro-movimientos y situaciones que componen un solo hecho en nuestra realidad, y los va recorriendo como la aguja del lector de CDs recorre el surco de una canción pregrabada. Al ir recorriendo los millones de eventos estáticos a una enorme velocidad, la consciencia dota de la ilusión del tiempo a la personalidad, que entonces se percibe a sí misma como ejecutando eventos y viviendo situaciones que van desde un pasado percibido como el conjunto de eventos estáticos que han sido ya "leídos", hacia el presente, como el micro-evento estático en el que está la consciencia en este mismo momento, como hacia el futuro, los eventos estáticos ya presentes en el entramado espacio temporal de los tres planos inferiores de la Tierra a los que enseguida nos vamos a conectar, y, entonces, ese evento "futuro" pasará a ser el evento presente, y poco después pasará a ser el evento "pasado".

Por lo tanto, el tiempo es literalmente un movimiento de la consciencia en un entramado estático manifestado y alterado y manipulado para bien o para mal constantemente por fuerzas y seres de todo tipo, desde aquellos que nos asisten hasta aquellos que nos manipulan.

¿Qué significa esto? Significa que el "comic de la vida" se está reescribiendo constantemente. Imaginaros que vuestro ser o Yo Superior decidiera que alguna de las viñetas que están pre-definidas por el sistema de vida en la Tierra y que están en vuestro futuro percibido a tres días vista, no es del todo recomendable para vosotros, ¿qué hace el ser para ello? Puede alterar la ruta de la esfera de consciencia y no hacerla pasar por esa serie de viñetas estáticas donde están dibujados (manifestados) una serie de situaciones no acordes a nuestro bien mayor, apartándonos de ese camino, lo cual es el equivalente a alterar nuestra línea temporal de sucesos para que, en vez de vivir el evento A, por injerencia de aquellos que nos asisten, nos movamos a otro "carril energético" y la consciencia, entonces, recorre los eventos estáticos de otra situación parecida o cercana, pero no igual, y mejor para nosotros o menos perjudicial. De esta manera, continuamente se alteran las líneas de tiempo personales, lo que nos sucede o deja de suceder, cambian las consecuencias que están conectadas a pasar por una viñeta con una situación y se transforman en otras, etc. Esta es la forma de ayudarnos, pero también existe la forma contraria, es decir, obligar, o inducir, por manipulación de la psique del ser humano a visitar las viñetas o eventos estáticos que son nocivos, negativos y contraproducentes para nosotros, preparados por el sistema de gestión de la humanidad, de manera que a través de la manipulación social, la manipulación religiosa, la manipulación de los medios de comunicación, la manipulación personal de entes, y de todo tipo de dinámicas que te empujan hacia un sitio o hacia otro, la persona termina atravesando una serie de eventos estáticos que son campos de minas en vez de caminos de rosas, y que co-existen codo con codo, lado con lado, viñeta con viñeta, en el comic eterno de la vida donde ambas posibilidades están latentes, el camino de rosas o el vía crucis, y hay que estar

241

altamente atento y despierto para darse cuenta de cuál de ellos es el que tenemos por delante con cada decisión que tomamos.

Bien. Entendido más o menos esto, espero, de por qué el tiempo es lineal desde la percepción de la personalidad y del alma visto desde los niveles del físico al mental, veamos que sucede desde "arriba", es decir, ¿qué es lo que hace que nuestro Yo Superior o nuestro espíritu sí que vean todo el entramado de eventos co-existiendo a la vez en un entramado espacio-temporal como si estuvieran leyendo un comic gigante donde se ven todas las viñetas disponibles simultáneamente?

El hecho de que nuestro espíritu y Yo Superior sí que perciban el tiempo como simultáneo es debido a la estructura que poseen los planos superiores de la Creación, desde el plano causal hasta el que hemos llamado plano ádico, en todos los niveles, desde el planetario hasta el "cósmico", de manera que, en estos niveles superiores, la existencia es más fluida y en forma de "campo de posibilidades", mientras que en los planos inferiores es más bien en forma de "manifestación de las posibilidades ya colapsadas en todas y cada una de las versiones que puedan existir de estas posibilidades".

Para que se entienda mejor, cualquier escenario posible en los planos superiores de la Creación, se manifiesta en los planos inferiores en todas sus infinitas versiones y variaciones, de manera que, para cualquier "cosa", se crean las versiones de esa "cosa", evento, situación, opción, elemento o vivencia en los planos inferiores en millones de variaciones y potenciales diferentes. Y, así, se proporciona a la vida consciente del universo, de todos los universos, la posibilidad de recorrer todas las opciones de todas las posibles experiencias que existen en todo lo ancho y largo de esta Creación para todos los seres conscientes de la misma.

Vamos con otro ejemplo. Digamos que yo estoy fuera del entramado espacio temporal de la Tierra, y decido crear la posibilidad de poder comerme un helado. Desde el plano en el que yo estoy puedo crear un escenario donde yo me como un helado, pero a la hora de que pueda ejecutar en el plano físico ese escenario energético y mental, lo que hago es crear millones de eventos estáticos en el plano físico y etérico donde todas las posibles combinaciones de situaciones que llevan a poder comerse un helado, en todos los posibles sabores que existen, de todos los posibles tamaños que puedan darse y con todos los matices que sea capaz de imaginar, estén disponibles como viñetas estáticas listas para ser "recorridas". Entonces, pongo en marcha mi consciencia, o la consciencia de mi personalidad, desde el plano mental, conecto mi esfera de consciencia a la primera viñeta estática donde está "dibujado" el primer acto necesario para iniciar el proceso de comerme el helado, y ahí pongo a rodar la maquinaria de los programas de la personalidad para que, entonces, ejecuten, por ellos mismos, la secuencia de eventos que han de permitirme, finalmente, que ese helado termine en mi estómago y yo haya disfrutado del mismo.

De nuevo, desde el punto de vista del Yo Superior, todos los momentos del tiempo en el que yo estoy ejecutando alguna micro acción de comerme el helado están sucediendo a la vez, están ya grabados y co-existiendo en el entramado del "ahora" que es el plano físico y etérico de la realidad, pero mi consciencia solo percibe el movimiento que representa el cambio de un fotograma estático a otro, saltando de un movimiento al siguiente y consiguiendo así dotarme de la ilusión del tiempo para yo poder decir que ayer hice tal cosa, o que mañana quiero hacer tal otra, cuando, en realidad, lo único que podría decir de forma 100% correcta es que, en este mismo momento, estoy en un evento estático que manifiesta "tal situación", y en cuanto lo he dicho o pensado, ya estoy en el siguiente y luego en el siguiente, etc.

Así, la pregunta que podría asaltarnos es, ¿cuánto dura cada "fotograma", cada imagen estática y cuánta información contiene? ¿Es posible que en un mismo fotograma yo esté levantando una pierna para dar un paso y completando el paso a la vez?

No, la duración de cada fotograma es muy pequeña, de manera que el movimiento que se puede llegar a percibir si solo leyéramos uno de ellos es prácticamente inexistente, esto quiere decir que no es que cada viñeta contenga un "segundo" de acción o animación, sino que en cada segundo hay millones de fotogramas estáticos entrelazados para que no exista la posibilidad de notar "saltos temporales" entre un fotograma y el siguiente que pudieran confundir a la personalidad egóica por no "saber" qué ha sucedido desde que decidiste levantar la pierna para andar hacia la cocina y encontrarte ya en la cocina comiéndote la manzana.

Pero esto último también tiene truco, porque podríamos ejecutar ciertos cambios en nuestra consciencia que nos permitirán saltar varias viñetas o fotogramas a la vez, haciendo que, a la percepción de la consciencia, el tiempo pasara más rápido sin darte cuenta, ya que literalmente, tu esfera de consciencia primero ha conectado con el fotograma donde te has planteado ir a comer algo a la cocina, y luego ha saltado millones de fotogramas hacia adelante y se conecta solo al fotograma en el que ya estás comiendo ese algo. Esto produciría, como hemos dicho, lapsos temporales en la memoria, y situaciones del tipo, "no sé cómo he llegado aquí, no me acuerdo lo que he hecho estos dos minutos".

Y a veces sucede eso, que por la razón que sea, nos saltamos unos pocos miles de fotogramas estáticos y luego somos incapaces de recordar pequeños eventos y situaciones que sucedieron en ese par de minutos o tiempo que se ha "ido" porque la consciencia se ha saltado esos pasos que siguen estando ahí, dibujados en el comic, pero no los hemos "leído".

¿Qué pasaría si hicieras "memoria" y volvieras a insistir para recordar qué has hecho en los dos últimos minutos? Que si tu esfera de consciencia se ha saltado esa parte, tiene que volver atrás rápidamente, antes de que la personalidad se dé cuenta, antes de que los programas de gestión de la psique entren en pánico y en confusión. Así, la consciencia vuelve a leer los pasos de lo que se supone que tendría que haber hecho si no se hubiera saltado esa parte de la realidad física, y lo vuelca en los programas de la memoria del cuerpo mental, de manera que, en millonésimas de segundo, si haces el esfuerzo de recuperar la memoria de aquello que no recuerdas haber ejecutado, esa información está disponible para ti de nuevo y simplemente soltamos un "es que he tenido un pequeño lapsus y no me acordaba".

Bien, extrapolemos ahora este mecanismo al mecanismo de la reencarnación. Como podéis imaginar, si volvemos a ver nuestras vidas desde esta perspectiva, veríamos a nuestro Yo Superior no solo con un cordón dorado y cordón de plata conectado a un alma y a un personaje en una vida, sino que veríamos algo parecido a un orbe de energía del cual salen decenas de cables e hilos, y cada uno de ellos va a parar hacia una vida diferente en una época histórica diferente, algo así como lo que podéis ver en la figura que tenéis a continuación:

Yo
Superior
Nexo central de
conexión de las
encarnaciones
simultáneas

Punto de
conexión con el
centro de la
esfera de
consciencia
(CCU)

Aquí, este orbe de energía y consciencia que es
el Yo Superior o el ser de cada uno de nosotros tiene
decenas de hilos que terminan cada uno en una vida,
siendo el centro de la esfera de consciencia, el CCU, que
hemos visto cuando hablábamos de los centros del
control, el punto de conexión final de estos, como veis
en la figura siguiente:

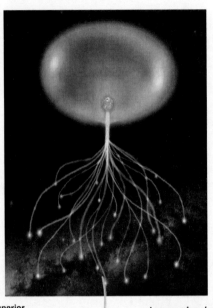

Conexión del Yo Superior con el centro de la esfera de consciencia, en el Centro de Consciencia Universal (9º Chakra)

La consciencia real del ser humano se encuentra en el centro de su esfera de consciencia

La consciencia artificial y que se forma para cada encarnación del ser humano se encuentra en la superficie de su esfera de consciencia

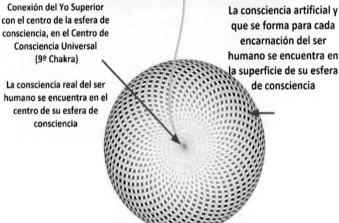

Por lo tanto, si visualizáis un cuerpo físico con su estructura energética y su alma enlazados al final de cada uno de esos cordones dorados, podréis ver como desde el ser, la simultaneidad de existencias es

gestionada, ya que, en todo momento, en cualquier fotograma estático de cualquier momento histórico de la historia de la humanidad, existe la posibilidad de enlazar y poseer una encarnación activa en ese instante, aunque para la personalidad que somos ahora, el siglo X ya haya sucedido y el siglo XXX esté aún por venir, sin embargo, desde los niveles superiores, están ya todos los posibles eventos de todos esos momentos históricos, en todas sus millones de combinaciones y posibilidades, ya "dibujados" y latentes en el entramado físico-etérico de la Tierra y esperando que algún ser humano, el conjunto de seres humanos, recorramos esos fotogramas al ir conectando con ellos mediante nuestra esfera de consciencia. Una buena visualización de esto lo tenéis en la película *Interestelar*, al final de la misma, donde el protagonista ve todos los sucesos de su pasado desde una dimensión superior como una serie de eventos estáticos que puede percibir simultáneamente.

Pero, de nuevo, con esta última explicación, es posible que otra nueva pregunta nos asalte la mente, ¿hasta cuándo está todo "dibujado"? ¿Hasta qué momento del tiempo lineal existen "fotogramas estáticos" que nos dotan de un futuro potencial para cada uno y en conjunto para la raza humana? La respuesta no es nada fácil de entender: hasta el alcance máximo que nuestros escenarios mentales y los de toda la vida consciente del planeta hayan podido manifestar y proyectar "hacia adelante". Es decir, si en mi escenario mental de comerme un helado soy capaz de pre-diseñar unos pocos miles de fotogramas estáticos para la acción de comerme el helado, que quizás abarca en el tiempo, pongamos una media hora "lineal", si yo pusiera en marcha un escenario mental que, por el contrario, dura en fotogramas lineales varios años, entonces mi entramado de realidad tiene, como mínimo, esos varios años ya pre-manifestados y latentes en todas sus versiones y posibilidades. Si otros seres, o el propio planeta, o la propia psique común de la humanidad co-crea escenarios mentales que pueden tener un alcance de muchas décadas o siglos de duración, entonces todas las posibilidades de manifestación de esos escenarios en sus millones de micro componentes y micro eventos estáticos están ya manifestados décadas o siglos a la vista.

¿Significa esto que lo que vaya a pasar en los próximos mil años en el planeta está ya existiendo a nivel físico-etérico como una tira de comic a la que todavía no hemos alcanzado a leer? No, no hemos llegado a diseñar eventos a nivel planetario que tengan tanto alcance en el tiempo, nos movemos como sumo a un siglo o dos de tiempo lineal, estirando mucho la capacidad del inconsciente colectivo de "tirar hacia adelante" a nivel mental, las posibilidades futuras que tenemos, pero, aunque haya algún micro evento estático que ya está "pre-existente" en una línea temporal de aquí a 100 años, en general, nos movemos todos en eventos que abarcan unas pocas décadas desde el momento en el que alguien o algo los crea en el plano mental. Esto significa que, nuestra vida, en general, en su totalidad, sí que está prácticamente toda diseñada y preexistente con todas sus posibilidades latentes, bifurcaciones y millones de ramificaciones, pero no al 100%, si no que eventos que se alejen más allá de las primeras cinco o seis décadas están siendo co-creados mientras vamos recorriendo el resto de fotogramas de nuestro comic personal y común, y, a medida que vamos avanzando en la lectura de las viñetas ya establecidas seguimos manifestando otras nuevas, que, de nuevo, llevan a nuevos escenarios posibles y latentes también en varias décadas a la vista. Y así sucesivamente. Viene a ser algo así como un tren que mientras va avanzando por la vía, va creando él mismo los tramos de vía unos cuantos kilómetros por delante de donde se encuentra en cada momento del recorrido, a la vez que ya tiene prefijados los tramos del recorrido por donde está pasando en ese instante porque están ya instalados por acciones y decisiones que fueron creadas incluso antes del que el tren partiera de la estación.

Y bien, entonces, ¿significa eso que el proceso que hemos contado en el capítulo anterior sobre la muerte, la eliminación de los cuerpo sutiles, el periodo de descanso y la preparación para una nueva vida también están incluidos en este proceso de simultaneidad? Así es, porque el alma nunca sale o sube más allá de la parte del plano mental donde todo sigue siendo simultáneo, de manera que es la consciencia del alma, ahora regida por la consciencia del Yo Superior, puesto que ya no existe la consciencia de la personalidad que ha fallecido al dejar atrás la última encarnación, la que está recorriendo los millones de eventos estáticos también en ese entramado mental donde nos movemos en el periodo entre vidas para dotarnos de la ilusión del movimiento en el tiempo que pasamos entre una existencia y otra. De esta manera, también el alma tiene la percepción de estar viviendo una serie de pasos lineales y secuenciales, y por lo tanto, el alma percibe la entrada y salida tal y como el proceso de reencarnación lo describe, siendo ya solo el espíritu y el Yo Superior los que, al estar por encima de esta serie de niveles donde todos los eventos se encuentran estáticos en el entramado de los planos inferiores de la Tierra, están libres de la ilusión del tiempo y de la percepción lineal del mismo y son capaces de gestionar todas las vidas, realidades y existencias que tenemos a la vez.

Finalmente, y desde otro punto de vista, como podéis ver la ilusión del tiempo es solo el resultado del movimiento de la consciencia en una dimensión superior, de forma que, al desplazarse nuestra esfera de consciencia desde su situación pentadimensional por el entramado de la realidad físico-etérico-mental, nosotros, desde nuestra realidad tridimensional percibimos el paso de los segundos como el movimiento de nuestra dimensión dentro de un espacio perteneciente o encapsulado en dimensiones superiores. Esto hace que el concepto del "tiempo" siempre esté presente en los tres primeros planos de la Creación en todos los planetas y en todos los sistemas estelares, para todas las formas de vida y todos los seres conscientes, y que, sus contrapartidas más "elevadas", el espíritu o equivalente, y el ser o Yo Superior de cada uno de esos seres sean los únicos que perciban todo simultáneamente.

15.   La evolución de la consciencia, ¿por qué es necesario que el alma reciba experiencias y vivencias para poder avanzar? ¿Hacia dónde se avanza?

Volvemos a trabajar, en nuestra explicación, con un modelo y concepto del tiempo lineal, para poder seguir hablando de ayer, hoy y mañana, de cosas que sucedieron y cosas que sucederán, con la esperanza de que se haya comprendido lo que supone la percepción lineal del tiempo para la personalidad, y la realidad de este mismo concepto para el Yo Superior desde la simultaneidad de la existencia.

Vamos pues con el siguiente punto. Hemos dicho muchas veces que esto es una escuela, que estamos evolucionando, que seguimos avanzando y creciendo, pero, ¿hacia dónde? ¿Hacia dónde vamos creciendo y qué marca ese camino de crecimiento? ¿Por qué hemos de evolucionar? ¿Para qué? ¿No sería más fácil si ya naciéramos con la experiencia que necesitamos y simplemente la pusiéramos en práctica, si ya pudiéramos vivir más o menos tranquilos con algún tipo de rutina basado en una existencia calmada y relajada sin detonantes ni catalizadores que nos estuvieran empujando constantemente hacia micro lecciones y micro eventos que tienen como sustrato "energético" enseñanzas que ni vemos ni comprendemos ni solemos ser conscientes de ellas, la personalidad, en la mayoría de los casos?

Para bien o para mal, toda la existencia de toda forma de consciencia está basada en la evolución. Así que, de alguna manera, no existe mónada en la Creación que no posea en su interior, en la amalgama de parámetros que forman la consciencia, energía y materia de sus vectores, la "necesidad interna" de crecer y expandirse. Pero expandirse es un término también confuso, pues pudiera parecer que estamos hablando de "hincharse", como si infláramos un balón o un globo. En cierto aspecto es correcto el término, por otro lado, el concepto de evolución está ligado profundamente al concepto de mayor comprensión de todo lo que existe.

Esto quiere decir que el alma avanza para comprender, que la personalidad avanza para comprender y que todas las formas de vida avanzan para comprender. Pero, ¿para comprender qué? Para comprenderse a ellas mismas primero, para comprender al resto de partes que co-existen con ella segundo, para comprender el entramado en el que tienen sus experiencias evolutivas tercero, y para comprender el conjunto de la Creación, en su totalidad, finalmente.

Esto es otra de las cosas que a la mente humana le cuesta aceptar e integrar. ¿Por qué debo yo comprender a la Fuente? ¿Para qué me sirve? Sirve para avanzar y evolucionar. Y ya hemos vuelto al principio y hemos cerrado el bucle de preguntas con respuestas que no nos llevan a ningún sitio. Es así de difícil, y así de paradójico en todos los aspectos.

Volvamos al principio y vamos a darle otro enfoque. La Fuente es como ese océano infinito que habíamos mencionado en uno de los primeros capítulos, y las gotas de agua que lo forman son los trillones de trillones de mónadas que se encuentran en él.

Todas las mónadas nacen de una singularidad central, en el punto "central" de la Creación que equivale a una "Fuente primaria" desde donde se proyecta la energía "madre", la energía "base" en forma de mónadas inertes y latentes pero sin potencial consciente (aún) para formar el resto de elementos que existen en la Creación. Y ahí está el primer "truco" para comprender la necesidad de evolucionar y avanzar que posee todo ser consciente en las partes más elevadas de sí mismo: se nace con el deseo de entender al resto de la Fuente y de la Creación en el momento en el que "sales" a la misma.

Imaginaros que podemos ampliar nuestra visión hasta ser capaces de ver a una mónada "naciendo" del seno de la energía latente y en reposo de la Fuente primaria, y siendo expelida a la zona de la Creación manifestada, cualquiera de los universos existentes. La mónada, de repente, toma una cierta autoconsciencia, y es conectada al entramado del resto de mónadas por el mecanismo de retroalimentación que ya vimos, que les dota de consciencia individual, y que es aquello que habíamos puesto de "*estoy aquí, soy una mónada activa*". Disfrutando de la sonrisa por la imagen de una mónada presentándose así al resto, recordemos que esta forma de emisión de ínfimos pulsos energéticos con este contenido es lo que dota a la mónada del "asombro", en sus términos, al comprobar la cantidad de otras mónadas presentes por doquier, al comprobar la enorme estructura a la que ahora pertenece, y al recibir el flujo energético de información con la respuesta de otras millones de mónadas que se presentan a ella de igual manera y que se comunican constantemente entre sí intercambiando los paquetes de datos, en un flujo constante de energía "ondulantes" (dualidad onda-partícula), sobre todo lo que pasa en todos los rincones de la Creación.

Por lo tanto, la mónada "siente", usando verbos humanos, la necesidad de comprender y conocer todo aquello que le rodea, y la única forma de comprenderlo es adquiriendo información sobre el resto de mónadas y las formas y estructuras que estas crean. Puesto que las mónadas solo tienen capacidad para comprender hasta cierto nivel las estructuras de las que forman parte, no es lo mismo una mónada que está formando parte de un ladrillo que una que forma parte de un árbol o una mónada que forma parte de la estructura de un planeta. Por lo tanto, la consciencia combinada de las formas de vida, por ejemplo en los cuatro reinos de la naturaleza, o en los millones de tipos de vida diferentes existentes por todo el universo y conjuntos de universos, dan lugar a seres, entes y "vida" cuya necesidad primordial, en lo más profundo de ellos mismos, es seguir comprendiendo, seguir aprendiendo y seguir evolucionado.

¿Por qué seguir evolucionando? Porque solo se puede comprender más y más "parte" de todo lo que existe formando parte de estructuras y niveles más y más amplios, vastos y complejos, ya que la mónada que forma parte de un ladrillo no tiene a su alcance más que un ínfimo conocimiento de lo que significa formar parte de algo, mientras que las mónadas que forman parte de un ser de una jerarquía enorme, tienen a su disposición otro tipo de aprendizajes y experiencias de un grado mucho mayor.

Por lo tanto, y si salimos ya del nivel de las mónadas y de las partículas cuánticas, y trabajamos a nivel de los cuerpos sutiles, de las almas, de los espíritus y de los Yo Superiores, y de todos los tipos de entes y seres que existen por doquier, todos nosotros, desde esa parte de consciencia presente en nuestras partículas, sentimos una necesidad de crecer, de aprender, de comprender y de saber "más" de cómo funciona el mundo en el que vivimos, la realidad en la que existimos y el cosmos en el que estamos.

Pero, ¿es esto cierto para todo el mundo? Todos conocemos personas que no están ni de lejos interesadas en absolutamente nada de todo esto, que están a eones de preguntarse ni siquiera quienes son y porqué son como son, que viven bajo las premisas del disfrute de la vida terrenal sin mayores preocupaciones evolutivas. Entonces, ¿qué les pasa a estas personas? ¿Es que sus mónadas están en huelga y no activan el aspecto consciencia y el aspecto "crecimiento" resultado de la misma?

No, sus partículas, sus almas, sus espíritus y sus Yo Superiores están funcionando y con ganas enormes de crecer y aprender, pero su programación lo impide. ¿Qué programación? La programación imbuida en la mente del ser humano tras las manipulaciones genéticas, los bloqueos a la expansión de la consciencia que ahora comentaremos, y las distracciones creadas *ex profeso* por el sistema de vida en la Tierra para que se apague el eco lejano que resuena en el interior de todos nosotros y que nos llevan a opacar esa necesidad de hacer algo más que salir de compras los fines de semana o vivir solo para conseguir más dinero que nos dote de más recursos materiales o cualquier estilo de vida en estos parámetros, donde el concepto de evolución, espiritualidad, crecimiento personal e introspección queda relegado a meras ideas abstractas de algunos "gurús" del planeta.

Así que veamos principalmente cómo funciona esto de la evolución desde el nivel de la personalidad, y luego subimos al alma y luego al Yo Superior.

Ya conocemos la esfera de consciencia, ya conocemos que, a pesar de ser o tener forma toroidal, nosotros lo percibimos como una esfera en 3D desde nuestra perspectiva "terrenal". Esta esfera de consciencia es como un balón, se puede "hinchar", de hecho, el concepto correcto es que se "expande".

¿Cómo se expande? Creciendo como crece un globo al que le metes aire, es decir, en tamaño, en todas las direcciones, y se convierte en una esfera con un radio cada vez más grande, por lo tanto, una esfera de consciencia que mida, por ejemplo, dos metros de diámetro denota una persona mucho más evolucionada que una esfera de consciencia que mida 50cm de diámetro, que muestra un nivel evolutivo mucho menor para la persona que la posee.

¿Se puede medir así realmente la esfera de consciencia? No, no podemos poner una regla o un metro de medir en ella, pero sí que podríamos verlas si fuéramos capaces de percibir clarividentemente el cuerpo mental de los seres humanos, ya que veríamos una "bola de luz" a un metro aproximado de sus cabezas de un tamaño determinado, que nos indicaría, según sea este, si esa persona ya lleva un buen trabajo personal a sus espaldas o por el contrario aún le falta mucho por completar (a todos nos falta mucho, pero hablamos comparativamente en este ejemplo).

¿Y cómo se expande una esfera de consciencia? Se expande por la energía que recibe desde las esferas mentales, desde la mente. Es decir, que el "aire que hincha el balón", en este caso, es la energía producida por los procesos mentales que es dirigida automáticamente y directamente desde la mente hacia la esfera de consciencia. Cuando esta energía, que fluye por el cordón dorado "hacia arriba", entra en el CCU, el centro de consciencia universal, ubicado en el interior del noveno chakra, más o menos a un metro por encima de la cabeza de la persona, entonces desde el CCU la energía se expande al interior de la esfera, y produce el efecto de expandirla.

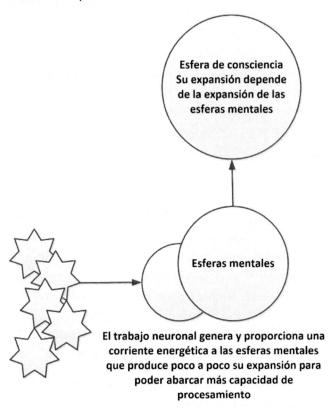

El trabajo neuronal genera y proporciona una corriente energética a las esferas mentales que produce poco a poco su expansión para poder abarcar más capacidad de procesamiento

¿Y qué sucede cuando se expande la esfera de consciencia? Recordemos que, aunque digamos que se encuentra ubicada a un metro aproximado de nuestra cabeza, su posición pertenece al plano mental, por lo tanto, en el plano mental, en el mundo de los conceptos, de las ideas, de los arquetipos y de los conocimientos, nuestra esfera de consciencia es la que tiene la capacidad de "comprender" todo aquello que está siendo percibido y captado por los sentidos, y procesado por la mente. Porque, en cierta forma, ni el cerebro ni la mente son los encargados de entender algo, solo de analizarlo y procesarlo, y la función de "comprenderlo" pertenece y se ejecuta por el conjunto de mónadas y partículas que forman la energía de la consciencia artificial del ser humano en la superficie de la esfera de consciencia.

Así, cuando la esfera de consciencia se expande, tiene dos repercusiones principales, la primera, que produce una comprensión mucho más profunda y detallada de todo el conocimiento que ya se posee y del nivel evolutivo que se tiene, es decir, aquello que ya conocemos, lo podemos integrar y comprender mucho más profundamente, y esto tiene lugar mediante la expansión "horizontal" de la esfera, es decir, cuando el "globo" al hincharse abarca más superficie en el plano horizontal en el que se encuentra. Pero todos sabemos que cuando se hincha un balón, se expande tanto hacia los lados como hacia arriba y abajo, así que existe otra repercusión de la expansión de la consciencia en el eje vertical, y que no es otra que la compresión de conocimiento de nivel superior que antes no llegábamos a comprender.

Imaginad el siguiente ejemplo. Estáis leyendo un libro del cual la mitad de las ideas presentadas no se entienden ni de lejos, y dejáis reposar el libro una temporada, lo cogéis dos años después y resulta que ahora sí que se comprende el material que se exponía. ¿Qué ha pasado aquí? La respuesta es muy sencilla, he aprendido más, he obtenido otro conocimiento que me permite conocer este primero, etc. La segunda respuesta es la menos obvia, el tamaño de tu esfera de consciencia era diferente la primera vez que leíste el libro respeto a la segunda vez que lo has hecho. Suponiendo que tu esfera se ha ido expandiendo cada vez más, en la segunda lectura tu esfera abarcaba o poseía la capacidad de comprender mejor el conocimiento del mismo nivel frecuencial en el que te encuentras ahora y también estabas hace un año, pero su expansión en vertical te permite comprender ahora conocimiento de nivel superior que hace un año no podías comprender.

Esto que resulta un poco extraño de visualizar, está relacionado con la vibración de ese conocimiento en el plano mental y causal, e incluso planos superiores, pues todo lo que existe nace de un modelo, un arquetipo, unas ideas y unas formas mentales, y tienen una cierta vibración que hace que, algunas esferas de consciencia puedan procesarlo más fácilmente, otras les cueste mucho esfuerzo y otras no tengan forma de decodificar los patrones de esa energía informativa porque no están en el nivel de expansión requerido para ello.

Por lo tanto, a mayor expansión de la esfera de consciencia, mayor facilidad para entender temas cada vez más elevados, abstractos, complicados y de mayor nivel frecuencial, a menor nivel de expansión, menor capacidad para ello. En consecuencia, a mayor nivel de expansión de la esfera de consciencia más alto será el interés de la persona por avanzar y crecer, más intensa será la necesidad de evolucionar, de comprender y progresar en el camino de lecciones y vivencias, y, por el contrario, a menor nivel de expansión de la esfera de consciencia, menos interés habrá por estos temas, menos conocimientos de alto grado terminan por despertar la curiosidad de la personalidad, y menos ganas de adentrarse en este tipo de información se tienen, etc.

Es un pez que se muerde la cola en ciertos aspectos, porque las personas con menor nivel evolutivo, como veis, lo tendrán más difícil para elevar su nivel de consciencia, ya que su esfera de consciencia provoca por otro lado menor interés en la personalidad para seguir avanzando, y, por el lado contrario, personas con mayor nivel evolutivo cada vez tendrán mayor nivel evolutivo, porque cada vez tendrán mayor avidez y ganas e interés de seguir creciendo, porque la expansión de su esfera de consciencia les anima, y proporciona la curiosidad y ganas de conocer más y más, constante y eternamente.

¿Cómo solucionamos esto entonces? Entra en juego el Yo Superior de cada persona, que ha de "empujar" al alma para que despierte el interés y la pasión por aprender, por comprender, por explorar. Si lo consigue, entonces las facetas del alma relacionadas con la búsqueda y el crecimiento personal y espiritual se activan, y estos programas y comportamientos son propagados hacia la mente y la personalidad. Si la personalidad no es tan fuerte, su programación, como para contrarrestar por completo el empuje del alma hacia terrenos de crecimiento personal, poco a poco la personalidad se adentra en el conocimiento que le permite entender los temas de esta índole de su nivel evolutivo actual, pero, al hacerlo, dota a la mente de la energía necesaria, por los procesos mentales producto del trabajo de leer algo, asimilarlo, analizarlo y comprenderlo, que la mente necesita para reenviarla a la esfera de consciencia, y, por lo tanto, provocando un pequeño incremento en la expansión de la misma, imperceptible, casi sin causar ningún efecto, pero constante si el proceso no se detiene. Si la persona, sigue estudiando, pensando, aprendiendo, comprendiendo en estos temas que la llevan a buscar respuestas sobre su existencia, el porqué de las cosas, de la realidad, de todo este juego de la vida, etc., su mente sigue produciendo energía por los procesos mentales necesarios para este trabajo intelectual, y esa energía de nuevo es reenviada a la esfera de consciencia. Con el tiempo, y con la constancia, la personalidad ya está metida de lleno en este camino de crecimiento y evolución, porque el alma ha conseguido despertar en ella esa pasión y necesidad, y por qué el Yo Superior ha estado potenciando al alma para ello con toda la energía de la que podía hacer uso para despertar estos procesos.

Ahora bien, si ya tenemos las ganas a tope para ponernos a crecer y evolucionar, ¿hacia dónde se evoluciona? Y por otro lado ¿cómo se evoluciona?

Vamos con la segunda respuesta primero. Se evoluciona adquiriendo experiencias, que llevan imbuidas en sí una serie de energías con cierta información, que nos dota de una comprensión, en micro-lecciones y con micro paquetes de datos, que al ser integrados en nosotros, nos permite "aprender" algo.

Bien, y ¿de dónde salen estas experiencias, quién las confecciona, quién poner en mi vida estas lecciones y cómo recojo yo la información que tienen codificadas y asociadas?

Todo esto es una planificación en diferentes niveles y en varias partes. Primero, las macro lecciones que deseamos aprender para cada encarnación las decide el Yo Superior junto con el alma, así que, dentro de los parámetros evolutivos que existen para el nivel en el que la raza humana se encuentra en el planeta Tierra, escogemos una docena o más de macro lecciones, y esas son las que vamos a trabajar principalmente a lo largo de cada encarnación. Por lo tanto, un alma, antes de "bajar" se prepara una lista de cosas a trabajar: tolerancia, amor al prójimo, hacerme valer, valentía, cuidar a otros, paciencia, etc. Son parámetros que están asociados a "cualidades" y a comportamientos, y que se trabajan a lo largo de toda una vida con miles de pequeñas situaciones en los que la tolerancia es el elemento común de todas ellas, o la paciencia o el amor o el cuidar de otros forman la raíz de esa experiencia que nos llega. Por lo tanto, el alma recoge las miles o cientos de miles de experiencias que vive a través de la personalidad aun cuando la personalidad no tenga ni la más remota idea de que, ahí, enfrente de ella, en esa situación que ha vivido y por la que acaba de pasar, venia codificado un aprendizaje relacionado con tal o cual lección macro que se había ella mismo preparado y pre-planificado a nivel de alma antes de encarnar.

Por lo tanto, la respuesta de cómo se aprende, es simplemente por la experiencia y la información obtenida de cualquier cosa que nos suceda en la vida. Pero claro, entonces nos han de suceder cosas relacionadas con las lecciones que necesitamos, porque, de lo contrario, ¿para qué me sirve a mí pasar por situaciones en las cuales las micro-lecciones codificados en ellas no tienen nada que ver con mi currículo evolutivo para esta encarnación?

Pues es completamente correcto, necesitamos atraer a nuestra vida el mayor número de vivencias y eventos que estén directamente relacionados con nuestra lista de aprendizajes pendientes y escogidos, por lo cual, para ello, hemos de buscar aquellos detonantes y catalizadores que permitan activar un cierto tipo de experiencias y no otras. Y aquí entra en juego los acuerdos con otras almas para que ellas sean el detonante de las mismas, también a nivel inconsciente, pues las personalidades que están delante de esas almas, en control de la gestión de la realidad de esas personas, son completamente inconscientes de estos planes evolutivos y de los acuerdos que unos han hecho con otros en el plano mental antes de encarnar.

Y aquí viene lo complicado, porque la parametrización de la cantidad ingente de eventos que se han de dar para que entre todos nos ayudemos a experimentar las lecciones que cada uno necesita es de una complejidad astronómica. Imaginaros un núcleo familiar de seis miembros, y cada uno con una docena de lecciones primarias y más de 50 lecciones secundarias que desea vivir en los 90 años de una vida media, y que necesita que el resto de miembros del núcleo familiar actúe como detonante y catalizador de las mismas. El baile de acuerdos y contratos pre-kármicos es tremendamente complejo. Yo te ayudo a trabajar la paciencia, le dice un alma a la otra, pero tú me ayudas a trabajar el perdón, y a la otra le ayudamos los dos a trabajar la autoestima, pero, por otro lado, a la cuarta alma yo le voy a ayudar a trabajar la flexibilidad, y ella me va a ayudar a mí a trabajar la valentía, y así decenas de acuerdos entre varias almas para que, entre todas, puedan ayudarse mutuamente a detonar las vivencias que necesitan.

Lo malo de todo esto es que luego, una vez encarnados, somos del todo desconocedores, y no tenemos ni idea porqué fulanito se comporta de tal manera con nosotros, o porqué nosotros sentimos la necesidad de comportarnos de una manera con una persona y de otra con la de más allá. Una parte, por supuesto, depende de los programas, comportamientos y patrones mentales que poseemos, y otra parte de las facetas codificadas en el alma de cada uno de nosotros que se activan con los acuerdos entre estas para ayudarnos a trabajar aprendizajes mutuos y cruzados, o a crear experiencias para que otras almas, que no sus personalidades, puedan recoger una micro lección de un pequeño evento que hemos provocado.

Este sistema, pues, es bastante eficiente en muchos aspectos, y por muchos motivos, nuestros mejores maestros son obviamente las personas que tenemos más cerca, normalmente nuestros familiares, pero a veces no son suficientes. ¿Qué significa esto? Que hay muchos tipos de situaciones y lecciones que las personas más allegadas que poseemos no serán capaces de detonar en nuestras vidas, y, por lo tanto, se ha de recurrir a catalizadores externos para ello.

Este procedimiento ya involucra directamente al Yo Superior y al equipo de seres que solemos denominar guías y protectores espirituales, que asisten al alma y a la personalidad durante toda la encarnación, y que forman parte de los planos no físicos del planeta, formando una especie de equipo de trabajo que ayuda a la conexión, creación y manifestación de experiencias en ese entramado espacio temporal que es la realidad del mundo en el que existimos.

Así, tanto nuestro Yo Superior como nuestros guías, son capaces de generar o manipular los "fotogramas estáticos" que hemos visto en el tema de la simultaneidad del tiempo, para insertar escenarios que, luego, al empujar a la esfera de consciencia por el carril que la ha de llevar hacia ese escenario, al moverse por su línea temporal, le permita vivir una experiencia "que le llega de la nada", que le sucede, que la persona se encuentra en su vida, y que le aporta cantidades enormes de aprendizaje e información al alma por la situación vivida y experimentada.

Además, si esto a veces tampoco fuera suficiente para según qué tipo de lecciones, se buscan otros detonantes más complejos, como puede ser el uso de entes y jugadores no físicos del planeta, como puede ser la intersección del camino evolutivo de la persona con situaciones a nivel macro, local, nacional o incluso mundial donde la experiencia sobrepase los límites de la interacción individual con las personas del entorno, etc. Siempre se busca la mejor manera de hacer llegar el conocimiento que es necesario para seguir dando pasos hacia adelante, hacia la comprensión más y mejor de las reglas del juego evolutivo, de cómo funcionan las cosas, de porqué funcionan de una manera y no de otra, de cómo está estructurado el sistema de vida, de porqué es así y no "asá", etc. Y esto solo es el principio, pues luego el alma busca respuestas no solo sobre ella misma y la vida como ser humano, sino que ya pone su punto de mira en la comprensión de todo lo demás, y, ahí, no existen límites.

Finalmente, la última pregunta que nos falta por responder es ¿hacia dónde se evoluciona? Para obtener la respuesta, hemos de explicar brevemente como está estructurada la escuela de la Creación.

Volviendo a la ley de las octavas que hemos explicado al inicio del libro, todo está formado por siete macro niveles, divididos en otros siete, y divididos en siete más, de forma fractal e infinita. O, si en vez de solo las 7 notas tomamos también los semitonos, todo está dividido en 12 niveles con 12 subniveles y así ad infinitum.

Dentro de cada uno de esos subniveles, están codificados ciertos parámetros evolutivos, de conocimiento, de información y de cómo funciona el juego de la vida en ese nivel del juego. Esto viene a ser lo mismo que la lista de asignaturas que están destinadas a ser estudiadas en primero, la lista de asignaturas que van a ser estudiadas en segundo, en tercero, etc.

Por lo tanto, el alma, asistida por el Yo Superior, que tiene su propio camino y currículo evolutivo en una escuela paralela con sus grados y lecciones, tiene que ir completando las asignaturas de cada uno de los cursos, que están programadas y preparadas por los entes y jerarquías de mayor nivel evolutivo que existen para cada galaxia, algo así como que los alumnos de mayor grado son los que ponen los deberes a los alumnos de cursos inferiores.

Pero, y estos grados, ¿cómo se pasa de uno a otro? ¿Cómo se estudian? Se estudian a partir de las micro lecciones que millones de eventos en la vida de todos los seres conscientes van otorgándoles, por tanto, cada asignatura macro del nivel evolutivo en el que estamos se completa por la suma de pequeñas porciones del aprendizaje del total de la lección a integrar. Pero, ¿y los escenarios de esas lecciones? Los escenarios de esas lecciones son los escenarios en los que la personalidad se desenvuelve, los escenarios resultado de la realidad común creada por la suma de todas las personas del planeta, y, por lo tanto, la estructura de la escuela depende de la creación de la realidad de los seres humanos, y las asignaturas que se estudian en la escuela provienen de la elección del Yo Superior para cada uno de nosotros a nivel individual, y de jerarquías superiores para las lecciones macro y conjuntas a nivel de humanidad.

Pero aún seguimos sin responder a cómo se pasa de estudiar las lecciones de tercero a pasar a las lecciones de cuarto, ¿se hacen en la misma clase donde los alumnos de tercero estudian con los de cuarto en diferentes tipos de vivencias y experiencias? No. Se tiene que cambiar de clase, lo que significa que se tiene que cambiar de nivel evolutivo a nivel grupal o a nivel de especie. Y, para ello, hay que mudarse de escuela y subir a otra cuyas paredes y estructuras y energías estén acorde a las enseñanzas y asignaturas del siguiente nivel evolutivo.

Esto es lo que ha llevado desde hace muchas décadas al concepto de "paso de curso" para la humanidad, pues llevamos años oyendo que la humanidad está pasando de nivel, que va a haber un salto de consciencia, y todo esto. Y es debido a que está llegando el momento de moverse, para aquellos alumnos que estén listos para ello, porque hayan "aprobado" todas o casi todas las asignaturas del nivel actual en el que estamos, a otro "lugar" donde seguir avanzando con un nuevo currículo y un nuevo sistema de aprendizaje, basado en otras reglas, con otras lecciones y dentro de nuestra misma escuela, la Tierra, pero en otro nivel frecuencial, dimensional y con otras estructuras espacio-temporales. De ese tema ya hablaremos también en el futuro para comprender como es la "nueva Tierra", la nueva estructura que será hogar de aquellos que vayan a pasar de curso en algún momento en los próximos años, una vez completado aquello que falta para que esto sea posible. Mientras tanto, seguimos recibiendo aprendizajes y vivencias y obteniendo la información y conocimiento que estas nos aportan para seguir creciendo, evolucionando y expandiendo consciencia, mientras esperamos que nos abran las puertas para dar el salto a la nueva realidad.

16. ¿Por qué el ser o el Yo Superior rigen la evolución del alma y del espíritu? ¿Qué es necesario para que el Yo Superior tome las riendas del conjunto de la estructura humana y lo controle al 100%?

Estamos llegando ya casi al final del libro y nos quedan un par de temas importantes para poder concluir esta primera parte de conocimientos "básicos" que son de tremenda importancia para todos nosotros, como sustrato de otros conocimientos más avanzados que han de venir en sucesivos volúmenes de esta serie. Si recordáis, hace unas pocas páginas, hemos dicho que el Yo Superior también tiene su propio camino de aprendizaje dentro de la escuela de la Creación, y que es, en cierta manera, paralelo al camino del alma y al camino de crecimiento de la especie, raza y ser vivo al que este Yo superior guía o apoya.

¿Por qué es necesario este "orbe de luz" consciente que es nuestro ser para regir esta evolución? ¿Forma parte de la estructura que todas las formas de vida en el universo poseen? Si, a diferentes niveles, y en diferentes configuraciones, con diferentes propiedades, cualidades y funciones, pero no existe forma de vida en la Creación que no posea el equivalente al "orbe de luz" hecho de la misma energía de la Fuente en diferentes gradientes evolutivos y configuraciones energéticas, y que no tenga la función de "guía" o de gestor de todo el proceso evolutivo de cualquier tipo de existencia consciente en la misma.

Para entender este proceso y porqué todo ser consciente tiene una conexión con un "globo de energía" que rige su camino evolutivo, hemos de entender de donde sale este "globo de luz" y su función.

Antes del inicio de las formas de vida en los niveles inferiores de la estructura de la Creación, cuando el "océano era solo océano" y no había peces en el agua, cuando todo estaba solo formado por un campo infinito de mónadas "en reposo" y sin ningún tipo de consciencia activa, fue necesario crear un mecanismo por el cual a las mónadas se les permitiera experimentar bajo su libre albedrío en cualquier parte de la Creación, tal y como el interés, en el nivel cuántico al que hacemos referencia, pudiera llevarles a querer experimentar aquello de lo que formaban parte. Pero, para que el conjunto de la misma Creación pudiera estar "ordenado" y los procesos de expansión de la Fuente en si misma tuvieran un mecanismo de retroalimentación a todos los niveles, se creó un tipo de "vida consciente" que sería la encargada de ayudar al resto de "vida consciente" que, a partir de entonces, iría naciendo y formándose por agrupación de mónadas a lo largo y ancho del conjunto de universos.

Para que se entienda mejor, imaginemos que, la "consciencia del océano", una vez otorgado consciencia individual a cada una de las trillones de gotas que lo forman y dado el libre albedrío para que cada gota haga lo que quiera en la inmensidad de este océano, crea una serie de "gotas especiales" que van a ayudar a las gotas "normales" a poder experimentar todo lo que se puede experimentar en cualquier rincón de las aguas oceánicas. Estas "gotas especiales", son los orbes de consciencia que nosotros llamamos el ser o el Yo Superior, y fueron creadas en la tercera octava descendiente de la Creación, es decir, que en el proceso de la Fuente de generar "consciencia", "energía" y "materia", se fueron creando por procesos, por octavas, los diferentes niveles de esta misma Creación, y la "puesta en marcha" de la vida consciente que iba a ayudar y regir al resto de la vida consciente, las "gotas especiales" que ayudarían al resto de gotas, fueron creadas en el tercer paso del nacimiento de todo lo que existe. Por lo tanto, nuestro ser o Yo Superior es o ha sido "eterno" desde entonces, y no está regido por ningún tipo de parámetro temporal, no fallece, no se cansa, no se aburre, no se siente abrumado por ningún tipo de experiencia, no se enfada, no juzga, etc. Todo ser o Yo Superior hace la función de enlazar con los cientos de miles de tipos de vida consciente que existen en cualquier parte de la Creación y la guía, la ayuda, la orienta, la monitoriza, pero no se mete, no interfiere y no da "órdenes" de ninguna clase, permitiendo siempre que el libre albedrío de, en este caso, el alma y la personalidad, sean las que decidan que hacer, que no hacer, que experimentar, que no experimentar, etc.

Sin embargo, y por otro lado, el ser o Yo Superior fue creado "para servir" a la vida consciente, pero no en el sentido de sumisión, sino en el sentido de apoyo y ayuda constante, y para responder dentro de las posibilidades evolutivas y de los parámetros acordados para cada forma de vida, de la manera más eficaz y rápida posible, por esto, como habéis visto en el libro, estamos pidiéndole desprogramaciones y sanaciones al Yo Superior, porque las ejecuta, porque forma parte de su función, siempre que sea la parte consciente de la personalidad y/o el alma quien lo solicite, y, por esta razón, todo ser o Yo Superior que está enlazado con cualquier forma de vida en cualquier planeta de cualquier galaxia tiene la función y la responsabilidad de hacer crecer al espíritu y al alma mientras que esta hace crecer a la personalidad.

¿Sería posible que el Yo Superior tomará las riendas al 100% de todos los procesos del espíritu, del alma y de la personalidad? ¿Qué es necesario para ello? Desde un punto de vista "terrenal", sería estupendo que fuera nuestro Yo Superior quien estuviera al mando, en todos los sentidos, de todos los procesos mentales, emocionales, etéricos y físicos, además de los álmicos y espirituales, y, en muchos tipos de vida consciente más allá de nuestro planeta, así es. Pero no porque el Yo Superior se imponga por la fuerza para tomar los mandos de la forma que vida a la que asiste, sino porque la forma de vida asistida se adecua para poder imbuir la consciencia de su ser en ella misma. Vamos a explicarlo.

278

Para que yo tenga el conocimiento que tiene mi alma, necesito desprogramar mi personalidad humana de la cantidad de "malware", virus e información distorsionada, falsa y maliciosa que se ha insertado en nuestra psique desde el momento de nuestro nacimiento por todos los sistemas culturales, religiosos, sociales, educativos, etc., del planeta. Cuando yo me "desprogramo" y limpio mi sistema mental, puedo dotar al alma de mayor poder de control sobre mis automatismos, personajes y personalidades, de manera que, mi personalidad actual, refleja la personalidad de mi alma y es esta, que posee una mayor sabiduría, experiencia y conocimiento, la que dirige mis acciones, mis decisiones, mis lecciones y vivencias. Cuando esto ocurre, el mismo proceso para el alma, de sanación, de limpieza, de elevación frecuencial, permite al espíritu imbuirse con el alma, guiarla, manejarla, dotarla de todo el potencial que el espíritu como cuerpo de orden superior posee, y cuando el espíritu con el alma con la personalidad están alineados, fluyendo entre sí, coordinados y gestionados por la consciencia de mayor jerarquía, lo mismo puede hacer el Yo Superior hacia el espíritu y hacia el alma, o hacia el alma directamente si el espíritu no estuviera presente, pero es más difícil, por faltar un componente intermedio que hace de puente entre el nivel del ser y el nivel del alma. Así, si personalidad está regida y coordinada por el alma y si el alma lo está por el espíritu, el Yo Superior puede actuar como coordinador de todo el conjunto imbuyendo su consciencia, sabiduría, poder y energía en toda la estructura a la vez, porque la estructura inferior está preparada, desprogramada y sanada para ello, así que, de esta manera, facilitamos que se armonice la relación entre todas nuestras partes y componentes jerárquicos, y podemos conseguir que sea el Yo Superior quien rija hasta el detalle más ínfimo de nuestra experiencia terrenal, desde hacer la compra y aparcar el coche, hasta estudiar los secretos del universo. Pero, para ello, hemos de trabajar en la sanación, desprogramación, limpieza y conexión con todos esos niveles, y, por eso, vamos solicitando su ayuda como hemos hecho hasta ahora.

Por lo tanto, mientras que nosotros seamos conscientes de aquello que podemos pedir, ejecutar y solicitar, nuestro Yo Superior hace todo lo que puede dentro de la posibilidades del sistema de vida en el planeta en el que estamos para dotarnos de lo solicitado, ya que, al fin y al cabo, es un enorme juego evolutivo en el que el objetivo de nuestro ser es hacer crecer a la parte más "terrenal" a la que guía y apoya, mientras permite que esa misma parte terrenal haga lo que desee hacer sin ningún tipo de reproche, juicio de valor asociado, enfado o cansancio por ello.

Sin embargo, y por otro lado, sí que hay un incentivo para el propio Yo Superior, y es que, a medida que su contrapartida "terrenal" o equivalente "sube de curso" y pasa de grado, este también lo hace, ya que las "gotas especiales" que sirven para guiar a otras "gotas", tienen su propia escala de crecimiento dentro de las jerarquías de "Yo Superiores". Esto significa que el equivalente al orbe de luz necesario para guiar y asistir a una forma de vida muy avanzada no es el mismo orbe de luz requerido para guiar a un ser humano, por ejemplo, de manera que el propio ser también crece en una escala evolutiva dictada por los mismos "logos cósmicos" para que, a medida que ese Yo Superior va proporcionando las herramientas, experiencias y asistencia necesaria a la forma de vida a la que está enlazado, puede así mismo adquirir la experiencia necesaria para poder luego "guiar" estas formas de vida en niveles evolutivos superiores. Esto hace que haya seres y Yo Superiores de diferentes niveles de consciencia, vibración y energía, algunos nacidos de logos menores o creados por otras jerarquías, otros nacidos de la Fuente primaria, otros creados por Yo Superiores de mayor rango para asistir a formas de vida de orden más inicial, etc. Pero todos poseemos y dependemos y necesitamos a nuestro ser o Yo Superior para poder avanzar por el juego de la vida, y, aquellos que dejan de estar enlazados a uno de ellos, se convierten en meras marionetas y títeres orgánicos sin ningún tipo de posibilidad evolutiva.

¿Qué significa esto? ¿Existe vida consciente que no tiene Yo Superior? Si, lamentablemente el juego de la existencia ha llevado a muchas razas y especies a desarrollar tecnología para dotar, por ejemplo, a una forma de vida orgánica de un mínimo de consciencia, usando el aspecto consciencia de las mónadas que forman esa forma de vida, de manera que, insertando simplemente una inteligencia artificial en vehículos físicos y orgánicos nos encontramos con formas de vida que no poseen un equivalente al cuerpo álmico como tal, ni un Yo Superior enlazado con ellos, pero sí que poseen una personalidad, una mínima consciencia y posibilidades de interactuar con otras formas de vida. Algo así a lo que estamos a punto de conseguir con nuestros robots más avanzados, cuando en vez de ser de metal sean de tejido orgánico en su totalidad, y les dotemos de un cerebro con una programación adecuada para hacerlos pasar por humanos con una interacción básica. Con la tecnología que, en algún momento, tendremos para incrementar el aspecto consciencia de sus partículas, nos encontraremos con humanoides sin alma y sin Yo Superior, pero difícilmente diferenciables del resto de seres humanos, pues ninguno de nosotros puede saber si la persona que tenemos enfrente tiene alma y YS directamente, de la misma manera que no podemos distinguir ahora la cantidad de personas en situaciones de poder que parecen humanos pero no lo son, no porque sean "robots" ni suplantaciones, que es otro tema aparte, sino porque son simplemente producto de la creación en laboratorios de cuerpos humanos, de carne y hueso, cuyo cuerpo álmico es fabricado artificialmente mediante tecnología, y, amplificando el aspecto consciencia de sus partículas se les puede dotar de una personalidad que perfectamente pasa por humana, pero que no lo es en el sentido natural del término.

Hay muchas cosas que no conocemos de cómo funciona nuestro planeta y el sistema de vida en la Tierra, porque no conocemos quienes somos, porqué y cómo fuimos creados, para qué fuimos creados y de qué manera, y, por lo tanto, estamos en la inopia respecto al verdadero propósito de nuestra existencia como especie, algo que vamos a tratar en el capítulo final de este libro, para cerrar esta primera entrega de material básico para nuestra comprensión del sistema y juego en el que estamos imbuidos.

17.   ¿Qué procesos llevaron a la creación del ser humano como tal a lo largo de la historia de nuestra creación, por qué las diferentes razas que intervinieron siguen aquí tratando de frenar nuestro avance?

Entramos en el último capítulo de este primer volumen de *Dinámicas de lo Invisible*, donde hemos recorrido un camino de etapas con información y conocimiento sobre temas que, aunque haya sido de forma genérica, nos tienen que ir dando una visión global a vista de pájaro de las reglas del juego y del tablero del mismo en el que estamos metidos. Sin embargo, aún queda un punto tremendamente importante que ha de suponer el desenlace final para esta primera entrega de material, y que tiene que ver con aquello de lo que hemos estado hablando constantemente a lo largo de los capítulos anteriores, es decir, la manipulación del ser humano, su creación genética y la intromisión de muchas razas venidas de otras partes de nuestra misma galaxia para interrumpir una línea de proceso natural en el crecimiento y desarrollo de lo que iba a ser la especie dominante y autoconsciente de la Tierra, algo que quedó relegado a otra línea temporal, en otras dimensiones y realidades, pues la intervención fue tal, que, desde el momento de la misma, todas las realidades "base" de la Tierra, las 16 que existen, cambiaron completamente de rumbo y se inició un proyecto en nuestro planeta que no era el que estaba previsto inicialmente ni aquel por el que se pensaba dotar de vida consciente a esta pequeña joya flotante en el espacio que es nuestra esfera planetaria.

Empecemos pues por el principio y la historia de nuestra creación. Estoy seguro de que los nombres de las razas que hemos leído en capítulos anteriores no os son desconocidos para la mayoría. Provienen, en general, del conocimiento de culturas antiguas de nuestro planeta como los sumerios, el antiguo Egipto y culturas nativas de los cinco continentes, y que hablan, en sus mitos y leyendas, de aquellos "dioses de la antigüedad" que llegaron del espacio y que se convirtieron en dueños y señores de la raza humana. Lo que sucede, es que, en general, lo que falta por explicarle al público es que no solo se convirtieron en los dioses de todas las religiones, sino que crearon a aquellos que iban a adorarles, partiendo prácticamente desde cero.

Toda esta historia que vamos a explicar ahora es conocida en los círculos internos de poder del planeta, se transmite como información en los grados más elevados de todas las escuelas iniciáticas esotéricas y es conocimiento básico que todos los Yo Superiores de todas las personas encarnando en el planeta tienen en sí mismos, por lo tanto, tenemos acceso a esta información y mucha más, simplemente conectando "hacia dentro" de cada uno de nosotros y accediendo al enorme repositorio de información que representa la consciencia de nuestro Yo Superior. De ahí es de donde sacamos estas piezas del rompecabezas y de ahí es de donde podemos obtener las respuestas necesarias a la pregunta eterna del hombre de "¿quién soy? ¿De dónde vengo? ¿Quién me ha creado?

La ciencia occidental, por supuesto, usa el argumento del origen de las especies promulgada por Darwin y teorías afines, de las que solo una pequeña parte tiene algo de veracidad, pues se obvia que ha habido intervención externa para producir el modelo actual de *"homo sapiens sapiens"* que ahora usamos como avatar para cada experiencia terrenal.

En el origen, para entendernos, hemos de explicar que nuestro planeta fue creado con el propósito de albergar miles de millones de tipos de vida consciente de los tres reinos iniciales de la naturaleza, el mineral, el vegetal y el animal. Este proyecto de "arca natural" viviente, es un tipo de creación planetaria que se lleva a cabo en diferentes zonas de cada galaxia, creando algo así como un repositorio de vida y "banco de ADN" de todo tipo de especímenes de los reinos naturales desde los cuales se puede "llevar vida" hacia otros planetas que se están formando. Esto quiere decir, que efectivamente, la vida no nace espontáneamente ni porque sí en un planeta, ni aparece por casualidad una célula que luego termina siendo un elefante millones de años después, sino que la vida es "sembrada", en el mejor sentido del término, por aquellos que se encuentran en los niveles más altos de evolución dentro de cada galaxia, y que son los responsables de ir planificando en cada planeta que se forma en los millones de sistemas solares que existen por la Vía Láctea, que tipo de ecosistema va a ser necesario para el sostén de la vida consciente en esa región del espacio.

Por lo tanto, la vida en la Tierra, o el proyecto de vida que se iba a crear en la Tierra, era un proyecto de "biblioteca viviente" de todo tipo de especies de todos los rincones de nuestra galaxia, de manera que, conviviendo todas en armonía entre sí, y en un perfecto equilibrio, y regidas por el logos planetario que recibe el nombre de Kumar, este planeta fuera uno de los más bellos en años luz por su función de contenedor de todo tipo de animales y plantas y ecosistemas naturales que pudieran asistir a la creación de vida en otros planetas cuando fuera requerido.

Y, ¿cómo se hace eso de sembrar vida en otro planeta? Pues si ahora en cualquier otro sistema solar las razas y jerarquías más avanzadas de la galaxia necesitaran llevar plantas y animales y minerales para dotar de un ecosistema a un nuevo lugar, llevando unas pocas muestras de todo lo existente en la Tierra, de todas aquellas especies que fueran aconsejables para el inicio de un nuevo sistema natural en otro planeta, se podría trasformar directamente ese nuevo lugar, y, tras millones de años de evolución natural, pero sembrados inicialmente por razas y otros seres, ese planeta tendría vida de forma "espontánea".

Así, eso fue lo que se hizo en la Tierra y de esta manera nos encontramos con un planeta que posee una diversidad sin parangón en muchos años luz de distancia.

Una vez el planeta fue terraformado en sus inicios, sin que aquí hubiera ni un solo ápice de vida consciente e inteligente más allá de miles de plantas y animales, las mismas jerarquías que rigen y monitorizan este proceso de crecimiento de la biosfera planetaria se propusieron encontrar una especie animal que fuera lo suficientemente avanzada para poder cuidar al resto de la vida de este planeta. Es decir, se hace necesario que exista algún tipo de especie animal predominante, más inteligente que el resto, que haga de "guardabosques" para el resto de la vida del "bosque", pero siempre manteniendo el equilibrio natural y la armonía entre todos los ecosistemas presentes en la Tierra.

Para escoger a la especie animal más adecuada, las diferentes razas que forman parte de los "comités", vamos a usar este término, de monitorización y gestión del desarrollo de la evolución de la vida en cada planeta, evalúan las capacidades naturales de los especímenes que existen en el reino animal y que poseen cualidades que puedan ser potenciadas para tomar el rol de "cuidadores" del resto de la biosfera terrestre. En este caso, la especie elegida fue uno de los saurios presentes en la Tierra en aquel momento conocido como el "trodoon" por nuestros paleontólogos, científicos e investigadores. El trodoon, a su vez, aun siendo un saurio no tan grande como algunos de los más conocidos por el público en general, era uno de los más inteligentes por el desarrollo de su capacidad craneal y el nivel de procesamiento que sus sinopsis cerebrales permitían, y fue una especie que había sido introducida en nuestro planeta por otra raza que nosotros conocemos como los Dracos, o que ellos mismos se conocen a sí mismos como "Amoss", pues aunque nosotros llamamos a su constelación de origen "Alfa Draconis", ellos la llaman "Amiris", y, de ahí, el nombre de la raza "Amoss".

La raza "Amoss" o "Dracos" son una raza reptoide, con características que a nosotros nos recuerdan a dragones, cocodrilos erguidos y serpientes, algo que, como ya veis, es un icono muy presente en todas las culturas del planeta. En estos momentos la raza "Amoss" es una raza hostil a la humanidad, pero en aquellos inicios del desarrollo de la vida en la Tierra, solo colaboraron trayendo, por requerimiento de otras jerarquías superiores, algunas de las propias razas de saurios y reptoides que existían en su propio planeta de origen, de donde provienen parte de las especies reptoides que nosotros vemos y están presentes en el reino animal de nuestro planeta.

Por lo tanto, una vez los Amoss, así como muchas otras razas que trajeron parte de la vida vegetal y animal de sus planetas a la Tierra, se fueron, dejando crecer este proyecto, olvidándose de él por completo durante muchos millones de años.

Bien. Volvemos a nuestro trodoon, que había sido escogido como la forma de vida animal que iba a ser dotada y potenciada en inteligencia y consciencia para regir y cuidar el ecosistema natural de la Tierra.

¿Cómo se los iba a dotar de mayor consciencia? Para poder hacer cambios en cualquier ser vivo de forma directa se tiene que intervenir ejecutando una serie de manipulaciones genéticas en su cuerpo físico y sistema energético, para sacarlos del reino animal y dotarlos de una estructura individual en la que, desde ese mismo momento, un Yo Superior pudiera conectarse a un trodoon, se pudiera crear un envoltorio álmico individual y se pudiera iniciar el proceso de hacer crecer al trodoon como ser "individualizado" y autoconsciente para que hiciera la función de cuidador del planeta para la que había sido escogido.

Por lo tanto, otra de las razas que intervino en esta primera manipulación genética entra en juego, son los conocidos como "Nórdicos" en la literatura ufológica, por su aspecto de seres humanoides altos y, en general, rubios en aspecto y de piel pálida. Han interactuado con la especie humana desde hace milenios y muchos de nuestros gobiernos tienen miles de expedientes clasificados de información sobre esta raza que, por parecerse mucho a la actual raza humana, pueden pasar relativamente desapercibidos entre nosotros. La raza que llamamos "nórdica" proviene de constelaciones en varios lugares de la Vía Láctea, y de ellas la principal es la constelación de Lira, razón por la cual hay tanta literatura, y tanta fantasía y distorsión, sobre el origen de la humanidad en Vega, la estrella principal de Lira. Es un poco de echar confusión a trazas de verdad en el inconsciente colectivo de la humanidad para que sepamos algo, pero lo sepamos de forma completamente distorsionada.

Entonces, por encargo de niveles evolutivos superiores, se les solicitó a esta raza de "nórdicos" que ejecutaran los cambios genéticos en el trodoon necesarios para que un ser pudiera conectarse a ellos, se individualizaran unos de otros y se separaran del reino animal, pasando a tener autoconsciencia de sí mismos, pero siendo aún completamente saurios erguidos que iban a regir todo el sistema de vida natural en la Tierra.

Pero, como veremos, no les iban a dejar hacerlo tan fácilmente. ¿Qué sucedió entonces? Sucedió que la raza Amoss volvió por el planeta a ver que había sido de las especies animales que habían traído, y, para su sorpresa y enfado, descubrieron que se habían dado órdenes sin contar con ellos y sin su permiso para manipular a una de las especies que ellos habían traído al planeta como parte de la vida animal del mismo. Y estos "Amoss" se "enfadaron", vamos a explicarlo así, y decidieron que no podían permitir que el trodoon fuera un ser independiente y que no estuviera bajo su control pues poseía su genética, su ADN y las características de las razas reptoides de los que ellos mismos habían nacido, siendo parte del reino animal de su planeta de origen.

Por lo tanto, los Amoss decidieron ejecutar una segunda manipulación genética sobre el trodoon para ponerlos bajo su control y dominio, y, tras varios experimentos, nació el ser que en las tablillas sumerias se conoce con el nombre de *"Manu"*. Y ¿qué es un Manu? Es un trodoon modificado de nuevo, es decir, es un animal con características saurias y reptoides, erguido, autoconsciente, inteligente y que ahora posee un alma, un Yo Superior y un tipo de respuesta animal pero "consciente", capaz de entender y obedecer instrucciones, si fuese necesario de los Amoss, que se quedaron entonces satisfechos y volvieron a abandonar la Tierra.

En todo este proceso, como podéis suponer, no existía ningún tipo de vida humana, estamos aún a millones de años en tiempo lineal antes de que aparezca ni siquiera el primer atisbo de lo que sería el futuro ser humano, así que la única vida consciente más allá del Manu, eran los destacamentos de las diferentes razas que iban y venían a la Tierra a supervisar el desarrollo del planeta y su biosfera y que vieron con horror como se empezaba a desviar el proyecto de crear un arca "de vida" en equilibrio y armonía, pues ahora, el Manu, ya no respondía tanto a los procesos y responsabilidades de "guardabosques" y de cuidado del resto de especies y vida del planeta, sino que no era más que un depredador autoconsciente que empezaba a darse cuenta del poder que tenía para controlar y subyugar al resto de especies del mismo planeta.

Volvemos a avanzar en el tiempo millones de años después. Sigue la vida planetaria floreciendo por evolución natural, de manera que aquí sí que entran y tienen cabida los procesos descritos por las teorías de la evolución de las especies de Darwin y compañía, y, como hemos dicho, muchos millones de años después otra raza conocida por los sumerios como Anunnakis, y conocida por ellos mismos como "Asimoss", entra en juego en nuestro planeta.

Aunque nosotros llamamos Anunnakis a una serie de razas que comparten unas características muy similares entre sí, y las tomamos todas como parte de la misma especie, no lo son. Anunnakis es el nombre dado por los sumerios a un conjunto de razas reptoides, de nuevo, todos los dragones y serpientes de la antigüedad, que llegaron al planeta hace más de 30 millones de años. Ellos, a ellos mismos, como hemos mencionado, se llaman entre sí "Asimoss", algo bastante parecido al nombre de "Amoss" que se dan los Dracos ya que, aunque algo lejano, comparten cierto parentesco y un parecido lugar de origen.

Los "Asimoss" o Anunnakis llegaron a la Tierra buscando materiales y minerales que necesitaban para el desarrollo de la vida en su planeta natal, de manera que se encontraron una cantidad de recursos enormes imbuidos en la entrañas de esta. Nos cuentan todas las historias de nuestras culturas ancestrales de los cinco continentes que buscaban y necesitaban oro, para cubrir parte de sus necesidades tecnológicas, energéticas y básicas en su planeta de origen. Por lo tanto, los Anunnakis o Asimoss empezaron la extracción del oro del planeta "picando" ellos mismos en las minas, de manera que, usando su tecnología y sus conocimientos, empezaron a llevarse, como todavía lo hacen, toneladas de este material fuera de nuestro planeta. Pero llegó un momento, y estamos siendo muy genéricos en la historia para no alargarnos mucho, ya

294

que los detalles ahora mismo no son necesarios, en que los Asimoss que picaban piedra se cansaron de ello, se rebelaron, y exigieron una solución para que otros fueran los encargados de extraer los recursos de la Tierra que les eran necesarios en origen. Esto llevó a las élites "Anunnakis" a buscar algo, o alguien, que pudiera hacer el trabajo de extraer el mineral buscado, y se dieron cuenta de que la única forma de vida en el planeta lo suficientemente inteligente para ello era el Manu, que había sido manipulado por los "Amoss" a partir de la base del trodoon, que había sido manipulado antes por los "nórdicos" a partir de la especie original reptoide traída por los Dracos a nuestro planeta.

Así que los Asimoss o Anunnakis iniciaron la manipulación del Manu para dotarlo de ciertas características que pudieran someter al Manu a sus designios y necesidades, les dieron más inteligencia, mezclaron el ADN Manu reptoide con ADN de otras especies animales del planeta, y empezaron a crear los primeros modelos de "homos" que llevarían, miles de años después, a la creación del homo sapiens.

Pero aún falta mucho para ello. EL primer modelo de Manu manipulado fue llamado el *Lhulu*, nombre que aparece también en las tablillas sumerias encontradas en el siglo XIX en el palacio de Asurbanipal, el rey asirio, en su capital Nínive, en la zona que hoy conocemos como Irak. De manera que el Manu modificado genéticamente se convirtió en el Lhulu y el Lhulu se convirtió en el recurso de los Anunnakis para ejecutar todas las tareas que estos no querían ejecutar.

A partir de aquí, empezaron sucesivos experimentos para mejorar el Lhulu, creando nuevos y nuevos modelos que sustituían al anterior, ya que se les intentaba dotar de mayor capacidad para cubrir cada vez más los intereses y necesidades de los Asimoss ya que estos querían cada vez menos dedicarse a las labores físicas de recogida de todo aquello que necesitaban de nuestro planeta. Así nacieron los primeros homínidos mezclados con ADN reptoide y de otras especies animales, y nacen los primeros modelos que conocemos como los *ardipithecus*, los *australopitecos*, y los tipos de homínidos subsiguientes que hemos ido descubriendo y catalogando a medida que se iban encontrado fósiles en diferentes partes del planeta de nuestros antepasados.

A medida que los Asimoss iban mejorando a los diferentes "homos", iban apareciendo por un lado más problemas para controlarlos, y por otro lado más soluciones y ventajas para las razas en control, que ahora tenían ya sometida a toda la población de la nueva especie y cuyos métodos de producción y manipulación genética iban mejorándola poco a poco. De hecho, en el libro sagrado de las culturas americanas tales como los Mayas, el llamado Popol-Vuh, se hace referencia a estos diferentes modelos de homos con el nombre de "los hombres de palo", de "paja", de "madera", de "maíz", etc., haciendo una analogía de los diferentes experimentos con diferentes capacidades y propiedades de las que fueron objeto los Lhulus. Además, recordad que ya desde la etapa del trodoon manipulado existía un Yo Superior y un alma individual acoplada a cada uno de ellos, así que la evolución de nuestra especie ya estaba en marcha y simplemente se iba cambiando, muchas veces, la estructura genética, física y mental del avatar que ese Yo Superior estaba guiando, por la manipulación e intervención de estas razas sobre ellos.

Avanzamos unos cuantos miles de años más y llegamos al momento en el que nos encontramos en la población de la Tierra con unos pocos millones de Lhulus sirviendo y trabajando para los Asimoss o Anunnakis, y, por otro lado, unos pocos millones de Manus que seguían rondando por el planeta, mientras que el resto de la vida en el reino vegetal y animal seguía su curso, incluyendo a trodones manipulados inicialmente por los "nórdicos" pero no convertidos en Manus por la manipulación Draco.

Puesto que Manus y Lhulus eran compatibles entre sí, ya que los segundos habían sido desarrollados a partir de los primeros, se inició una cruza natural de ambas especies que, con el tiempo desembocó, sin que hubiera una intervención especial para ello, en la creación de una nueva especie intermedia que recibe el nombre de *Lhumanu* en las tablillas sumerias. Evidentemente, este Lhumanu, mucho más inteligente y avanzado que el Lhulu y que el Manu por separado, fue la base de nuevo para la experimentación por parte de los Anunnakis para crear una especie aún mayor, en número y en capacidades, y que siguiera estando subyugada a las razas Anunnakis en todo momento.

Con el paso de las generaciones, y de múltiples experimentos, el Lhumanu pasó por tantas fases y modelos que ni siquiera nuestros antropólogos son capaces de catalogar y encontrar el nexo común entre todos ellos ni crear una línea evolutiva secuencial para el origen del ser humano, ya que no existe tal línea evolutiva natural, sino que, a medida que un nuevo modelo de homo iba siendo creado por intervención genética, el anterior modelo era desechado y eliminado de la faz de la Tierra, quedando solo unos pocos especímenes aislados en diferentes partes del planeta o usando a modelos anteriores como recursos para tareas que los nuevos no querían hacer.

De esta manera, de un *homo habilis* se pasó a un *homo ergaster*, y a un *homo erectus*, de un *homo antecesor* se pasó a un *neandertal,* de un *cromañón* a un *sapiens*, de un modelo A a un modelo B, etc., y siempre se iban mejorando poco a poco las capacidades de cada uno de ellos para que pudieran servir a sus amos y creadores y estuvieran sometidos a ellos en todo momento.

Así, llegamos a la última parte de la historia de la humanidad, y es la creación del *homo sapiens sapiens*, el último tipo de avatar que ahora poseemos, y que fue producto de la última manipulación genética conocida a gran escala en el planeta. Para esta última manipulación, los mismos Anunnakis dieron una gran parte de su ADN, así como usaron y solicitaron ADN de muchas otras razas de otras partes de la galaxia, para poder formar una especie, o un modelo nuevo de nuestra especie, que ya cumpliera todos los requisitos que deseaban para la misma. Con diferentes pruebas y errores, comprobando genes por aquí, añadiendo genes por allá, insertando programas en la psique, manipulando y bloqueando la gestión de la misma por el Yo Superior, poniendo en marcha el programa ego, los centros de control, la programación del ser humano a partir de su inconsciente colectivo, y otras muchas cosas que se imbuyeron en esta última manipulación genética, nació el género que actualmente somos a nivel físico, a nivel energético y a nivel mental e intelectual, y, desde entonces hasta ahora, nuestros creadores, así como otras las razas que dieron su ADN para ello y que fueron parte también de nuestra creación, han estado manteniendo el sistema de vida en la Tierra bajo su control y gestión, colocando a unos cuantos linajes ancestrales de Lhumanus en control del resto, dotándolos del conocimiento y las capacidades de gestión de la humanidad y dejando que hicieran las labores de manipulación y gestión básica del planeta mientras ellos se encargaban de la gestión evolutiva y energética, usándonos como sus recursos, pilas y fuentes de alimento energético, usándonos para mantener un sistema de vida en el que nuestra realidad es manipulada por la ilusión de la mente y usándonos para otros propósitos que ya veremos en otro capítulo de los volúmenes que han de venir de esta serie.

A medida que el ser humano crece, despierta, restablece la conexión con su ser y Yo superior, y potencia su alma, entonces este proceso de control y sumisión se revierte, se activan potenciales latentes que fueron inhibidos pero no quitados, que poseemos incluso desde las primeras fases de creación del trodoon como ser inteligente y autoconsciente, y se inicia entonces la lucha del ser humano por recuperar el control y poder de sí mismo, de su destino, de su evolución como raza y de escapar al sometimiento de aquellos que nos crearon, pero que no tienen mayor derecho a someternos que el que tenemos nosotros a impedir que otro ser vivo, sea el que sea, recorra su camino evolutivo por designio de la Fuente para terminar cogiendo las riendas de su propia evolución.

Sobre el autor

No se puede forzar a nadie a que crezca, despierte, evolucione o aprenda, sin violar su libre albedrío. Solo se pueden ofrecer herramientas, conocimientos y apoyo para que cada uno tome las riendas de su vida y decida qué hacer con su camino evolutivo.

David Topí, ingeniero de profesión, actualmente es un polifacético escritor, formador y terapeuta. Trabaja especialmente en divulgar, formar y acompañar a personas a través de procesos de desarrollo personal y espiritual, así como terapeuta de sanaciones energéticas, usando la técnica de Sanación Akáshica.

Ha creado la Escuela de Metafísica y Desarrollo Transpersonal (EMEDT) con la intención de proporcionar un marco organizado y coherente para impartir toda aquella información, técnicas, herramientas y conocimientos que sean necesarios para la potenciación del crecimiento personal y la transformación de la realidad personal del individuo, que modifiquen a su vez, paso a paso, la realidad global del planeta.

Buscador incansable, se ha formado e interesado por la metafísica, las terapias alternativas, desarrollo de nuestras habilidades "espirituales" innatas y por sistemas de desarrollo personal que permitan al ser humano expresar su máximo potencial y alcanzar respuestas para preguntas escondidas, a veces, muy dentro de nosotros mismos.

Sus artículos y trabajos están publicados en su web
www.davidtopi.net

Libros de David Topí

5 pasos para descubrir tu misión en la vida

Un libro para descubrir nuestra misión en la vida, aquello que hemos venido a hacer, y como ponerla de manifiesto en una actividad real profesional. A través de un recorrido y un intenso trabajo interno sobre nuestros talentos, aficiones, gustos y pasiones, habilidades, valores en la vida, características personales, ideales y competencias personales y emocionales, vamos a llegar a encontrar, en cinco grandes pasos, cuál es tu misión en la vida.

INFINITE I - El Poder de la Intuición

Como aprender a escuchar al universo, pedirle las señales y potenciar los caminos que nos llevan a la felicidad. Un libro que estudia el poder de la mente para manifestar nuestra realidad cotidiana, y como trabaja el universo para hacernos llegar lo que necesitamos en cada momento, así como comprender lo que es el destino, los eventos marcados antes de nacer y cómo funciona la creación de la realidad en el camino de nuestra propia evolución.

INFINITE II- El Yo Interior

Un recorrido para entender el sistema energético humano y como nos auto bloqueamos, para aprender a conectar la mente con el alma a través de la meditación, para desarrollar la habilidad de percibir a nuestro Yo Superior y establecer contacto y canalizar a nuestros guías espirituales.

INFINITE III - El Yugo de Orión

El Yugo de Orión es la explicación al enorme rompecabezas que es la vida en nuestro planeta, las estructuras de control de la sociedad impuesta desde hace milenios, la manipulación de las personas a través del inconsciente colectivo y de su potencial co-creador de la realidad, y los diversos actores que se encuentran en la pirámide que maneja los hilos. Sin embargo, es un libro no solo para entender lo que sucede, sino para cambiarlo, pues solo conociendo como están las cosas, podemos aportar soluciones para promover el cambio evolutivo, frecuencial y de conciencia en el que estamos todos metidos.

INFINITE IV - La espiral evolutiva

Desde que el hombre es homo sapiens, ha habido un conocimiento del funcionamiento de las leyes que rigen la naturaleza, el Cosmos y la Creación, y ese conocimiento se ha denominado "ocultismo", pues estaba, como bien podéis deducir "oculto". Este libro se adentra en el conocimiento esotérico que nos ayuda a entender la evolución del ser humano, su crecimiento, las leyes que lo rigen, y que rigen todo lo Creado. Desde el núcleo primordial de energía "divina" que somos, hasta los procesos de alquimia personal interior que nos hacen transformarnos en lo que queremos ser. Es, en definitiva, un libro para conocer a fondo la metafísica de nuestro ser, y de nuestra evolución, como individuos, y como especie